Aurélie Filippetti, Antoine Gallimard et les subventions contre l'auto-édition

Du même auteur*

Certaines œuvres sont connues sous différents titres.

Romans

La Faute à Souchon : (Le roman du show-biz et de la sagesse)
Quand les familles sans toit sont entrées dans les maisons fermées
Liberté j'ignorais tant de Toi (Libertés d'avant l'an 2000)
Viré, viré, viré, même viré du Rmi !
Ils ne sont pas intervenus (Peut-être un roman autobiographique)

Théâtre

Neuf femmes et la star
Les secrets de maître Pierre, notaire de campagne
Ça magouille aux assurances
Chanteur, écrivain : même cirque
Deux sœurs et un contrôle fiscal
Amour, sud et chansons
Pourquoi est-il venu :
Aventures d'écrivains régionaux
Avant les élections présidentielles
Scènes de campagne, scènes du Quercy
Blaise Pascal serait webmaster
Trois femmes et un Amour
J'avais 25 ans
« Révélations » sur « les apparitions d'Astaffort » Jacques Brel Francis Cabrel

Théâtre pour troupes d'enfants

La fille aux 200 doudous
Les filles en profitent
Révélations sur la disparition du père Noël
Le lion l'autruche et le renard,
Mertilou prépare l'été
Nous n'irons plus au restaurant

* extrait du catalogue, voir www.ternoise.net

Stéphane Ternoise

Aurélie Filippetti, Antoine Gallimard et les subventions contre l'auto-édition

Les coulisses de l'édition française révélées aux lectrices, lecteurs et jeunes écrivains

Sortie numérique : 28 août 2012

Jean-Luc PETIT Editeur - collection Essais

Stéphane Ternoise
versant
essayiste :

http://www.essayiste.net

Tout simplement et logiquement !

Site officiel : http://www.ecrivain.pro

Aurélie Filippetti, Antoine Gallimard et les subventions contre l'auto-édition

Les coulisses de l'édition française révélées aux lectrices, lecteurs et jeunes écrivains

Des paroles et des actes. Alors que la révolution numérique s'installe en France, principalement grâce à Amazon, le monde officiel de l'édition a trouvé une cible : l'auto-édition, une pratique coupable de tenter les écrivains en leur promettant des jours meilleurs, une rémunération décente. Les éditeurs se dressent contre ce possible fléau, naturellement pour protéger leurs auteurs adorés (vaches à lait) ! Ne croyez surtout pas qu'il soit préférable de conserver plus de 50% du prix d'un livre numérique quand les installés vous proposent de continuer comme dans l'économie du bouquin en papier, avec des miettes.

Ces bienfaiteurs de la culture ont même reçu le soutien d'Aurélie Filippetti ! La jeune ministre aurait pu (dû ?) se positionner du côté de ses "collègues" écrivains mais elle combat la voie "*utopique*" *!* Elle demande juste aux éditeurs un petit effort au niveau des rémunérations... en contrepartie d'abondantes aides !

La ministre de la Culture s'est résolument placée du côté des exploiteurs, qui plus est en étayant sa démonstration d'un exemple, le sien, celui d'une jeune romancière publiant en 2003 "*les derniers jours de la classe ouvrière*", dans une maison du groupe Lagardère. Un roman qui se voulait engagé, contre l'historique exploitation des mineurs de Lorraine. Il ne s'agissait que d'une posture ? Elle n'a donc rien compris ? Elle a changé ? Elle est simplement passée de l'autre côté, celui du pouvoir, où l'on perd facilement la notion des réalités pour devenir un rouage de l'Etat ?

Décortiquer les propos de la ministre, les resituer dans deux siècles de lutte entre écrivains et éditeurs et les rapprocher des positions d'Antoine Gallimard, sans oublier d'observer la politique culturelle, même celle prétendue de gauche, telle fut l'ambition d'un livre numérique qui souhaite aussi démontrer qu'une autre voie est possible, avec des tarifs décents.

L'auto-édition est l'avenir de l'édition. Je l'écrivais déjà en l'an 2000 (http://www.auto-edition.com). Ce qui fut considéré comme une "utopie" va s'imposer en logique historique grâce au livre numérique. Malgré le lobbying et le pouvoir des installés, qui peuvent simplement retarder l'inéluctable, consommer de la subvention, nous faire perdre du temps (alors que nous vieillissons !)...

Au-delà de leurs personnes, Aurélie Filippetti symbolise l'état et Antoine Gallimard les éditeurs.

Stéphane Ternoise
http://www.ecrivain.pro

Fin 2013... Dans un pays du papier contrôlé par les « grands distributeurs » (Lagardère, Gallimard, Editis), Amazon a créé une nouvelle brèche en permettant aux indépendants d'accéder au lectorat mondial sans devoir se soumettre ses textes à acceptation ni avancer d'argent. Ce livre devient donc également disponible en papier...

Dédicace

Aux écrivains qui réagiront...

"Voilà ce qui fait peur, parce que nous sommes le nombre, nous sommes la force, et eux ils sont la minorité qui nous exploite."
Aurélie Filippetti, *les derniers jours de la classe ouvrière.*

Lectrice, lecteur : pour tout envoi de remarques pertinentes (erreurs, fautes), via la page de contact du site http://www.ecrivain.pro, je vous offrirai en remerciement un ebook (vous pouvez le choisir dans le catalogue des livres publiés).

17 mai 2012, passation des pouvoirs de Frédéric Mitterrand à Aurélie Filippetti : la continuité annoncée

Mai 2012 : la France va changer ! La gauche revient au pouvoir.
Aurélie Filippetti succède à Frédéric Mitterrand, des écrivains espèrent être entendus... ils ont voté à gauche !

Certes, il s'agissait d'un exercice médiatique (qui se voudrait historique) mais de précieuses indications peuvent néanmoins filtrer.
Frédéric Mitterrand : *"Je voulais dire que c'est un jour de chance, c'est un jour de chance pour ce ministère et c'est un jour de chance pour madame la ministre de la Culture et de la communication. C'est un jour de chance pour ce ministère car il va y avoir dans ce ministère, à partir de maintenant, une ministre dont l'empathie pour le monde de la culture est connue depuis longtemps et notamment parce que la ministre est une artiste en elle-même, c'est-à-dire un écrivain, un écrivain de très grand talent et de très grande qualité et j'ai eu, pour ma part, le privilège de connaître Aurélie Filippetti il y a de cela une douzaine d'années à l'occasion de la publication de son premier livre que j'avais profondément admiré et, depuis ce temps là, nous avons continué à nous voir assez régulièrement. Ce fut d'ailleurs une parlementaire particulièrement émérite avec qui j'ai toujours eu des relations extrêmement agréables et extrêmement courtoises et je pense que tant son parcours remarquable d'écrivain que son parcours non moins remarquable de parlementaire fait que le Ministère de la Culture et de la communication peut être fier d'avoir une personnalité comme elle à sa tête."*

Arguer du parcours remarquable d'écrivain peut prêter à sourire : le premier roman de la "fille et petite-fille de mineurs", *Les Derniers Jours de la classe ouvrière*, publié lors de la rentrée littéraire 2003 par Stock, fut salué par la critique, surtout la critique dite de gauche, comme Edmonde Charles-Roux, « *Procédant par touches vives et fortes, Aurélie Filippetti nous livre l'histoire de près d'un siècle de lutte ouvrière dont elle tire ce premier roman, parfaitement contrôlé, d'une grande sobriété et qui sauve de l'oubli un monde en pleine crise* » mais les ventes ne furent sûrement pas himalayennes pour ce texte aux nombreuses lacunes (style, description des personnages, approximations...) ! Son deuxième roman, lancé en 2006, *Un homme dans la poche,* toujours chez Stock, ne bénéficia pas du même sujet porteur pour permettre aux chers chroniqueurs de surfer sur les bons sentiments et fut un bide ! Le troisième, six ans plus tard, n'existe toujours pas. Elle semble avoir préféré la politique. Mais nul doute qu'il sortira un jour et bénéficiera de nombreux soutiens...

L'empathie d'Aurélie Filippetti pour le monde de la culture ne semble pas évidente ! Mais lors de la polémique sur la vie privée de Frédéric Mitterrand, en ne suivant pas les réactions majoritaires dans son parti, on peut considérer qu'elle fit preuve d'empathie à son égard ! Si le monde de la culture, pour notre ancien ministre, signifie sa modeste personne, nul ne contestera sa phrase !

Que conclure du "*j'ai eu, pour ma part, le privilège de connaître Aurélie Filippetti il y a de cela une douzaine d'années à l'occasion de la publication de son premier livre*" prononcé en mai 2012 au sujet d'un roman sorti en septembre 2003 ? Simple confusion dans le temps qui passe ? Ou qu'il fallut trois années pour "la publication", d'innombrables allers-retours entre l'auteur et l'éditeur, avec présentation du manuscrit aux amis, aux amis des amis ?

Si vous avez aimé Frédéric Mitterrand rue de Valois, vous adorerez Aurélie Filippetti !... La continuité semble assurée... également par les fonctionnaires et leurs si précieuses *notes*...

Aurélie Filippetti rassure : malgré un label "écrivain" elle tiendra le ministère du côté des éditeurs

Le 28 juin 2012, à l'occasion de l'Assemblée générale du SNE, le Syndicat national de l'édition, Aurélie Filippetti prononça naturellement un discours. Il aurait pu n'être qu'exercice de circonstance, il fut un pavé dans la marre des écrivains en lutte pour une reconnaissance de leur statut d'indépendants.

Extraits :
" La politique que j'entends mener en matière de livre et de lecture poursuit deux objectifs :
- d'une part, la défense, la promotion et le renouvellement de la création et de la diversité éditoriale, que certains d'entre vous nomment « bibliodiversité », dans le cadre de ce que j'ai appelé « l'acte II » de l'exception culturelle.
- d'autre part, l'accès à la création pour le plus grand nombre;

Les éditeurs sont des acteurs indispensables de cette politique. Je tiens à l'affirmer avec vigueur. "

Naturellement les objectifs se veulent très consensuels mais la précision les éclaire : tous ensemble sauvons les éditeurs.
Dans la droite ligne du *"il s'agit tout à la fois de proposer une offre attractive aux lecteurs, de préserver des marges et d'assurer des conditions financières et juridiques en mesure de dissuader les auteurs de se passer de la médiation traditionnelle de leur éditeur"* de la Note

d'analyse (270) gouvernementale *"Les acteurs de la chaîne du livre à l'ère du numérique - Les auteurs et les éditeurs"* pourtant rédigée avant les présidentielles, en mars 2012. *"Conditions financières et juridiques"*, de l'argent et des lois, pour les éditeurs.

Les éditeurs peuvent se réjouir de la continuité du ministère. Champagne ! Prétendre agir au nom de "la diversité éditoriale" en soutenant les éditeurs relève du sophisme : les éditeurs se sont attribués cette qualité et elle semble désormais leur être acquise dans les raisonnements politiques alors que l'édition française se caractérise par une course à la taille des principales maisons, par une industrialisation de la production, un pitoyable nivellement, conséquence logique du commercial sur l'éditorial. Il faut publier ce qui se vend, ou des médiatiques qui par leur pouvoir font vendre des bouquins...

Elle enchaînait :

"Aujourd'hui, avec le développement de la diffusion numérique des oeuvres, de fortes tensions agitent le secteur culturel ; certains commentateurs font miroiter un avenir qui se ferait sans vous. L'avenir serait à la disparition des intermédiaires de la création ; notre temps serait celui de la désintermédiation."

J'ignore si madame la ministre lit mes textes mais certains pourraient me valoir d'être classé parmi ces *"commentateurs qui font miroiter un avenir qui se ferait sans les éditeurs classiques"*. Même si, loin de brasser du vent, j'apporte un exemple concret, en obtenant avec le numérique une audience jamais atteinte par mes livres en

15

papier ; il ne s'agissait donc pas d'un problème de qualité car nombre des oeuvres peu vendues en papier bénéficient d'excellentes critiques après lecture mais d'un problème d'accès aux lieux de vente...

Je précise (également pour madame la ministre) : la disparition totale des intermédiaires n'est pas le but ultime mais leur réduction au strict minimum semble indispensable : les prix des livres numériques se stabiliseront à un niveau nettement plus bas que ceux du livre papier, le gâteau à se partager rétrécissant, il convient de supprimer les prestataires superflus. Auteur-éditeur, je suis distribué, par Immateriel, sur Amazon, Itunes, La Fnac et les autres, pour un coût total de 35 à 40%. Une marge sur les ventes, sans frais fixe d'accès à la distribution. Cette organisation semble correcte, honnête même.

Quand de "*fortes tensions agitent le secteur culturel*", on attendrait de la ministre de la Culture, qu'elle s'intéresse d'abord aux éléments essentiels, les écrivains. Au moins qu'elle respecte une certaine neutralité.

Mais non, l'état soutiendra les puissants, les installés, les éditeurs. Certes, elle s'exprime devant un cénacle d'éditeurs. S'il s'agissait d'une candidate, on pourrait "comprendre" qu'elle brasse du vent, adapte ses propos aux interlocuteurs. Mais il s'agit du discours de madame la ministre, qui engage la France, qui éclaire la politique culturelle qu'elle souhaite mener durant les cinq prochaines années. Réaction urgente sous peine d'en baver !

Suite : "*Leurs réflexions sont nourries par l'activisme des grandes entreprises technologiques, qui ont pris des positions très fortes sur la diffusion des contenus culturels en venant d'univers qui ne sont pas celui de la culture."*

Phrase inexacte, madame la ministre ! Vous visez Amazon, pour suivre l'anathème des éditeurs mais la société de Seattle a débuté par la vente de livres en papier. Et contrairement aux vieux libraires des vieux murs, elle n'est pas restée prisonnière d'un support. Peu importe le support pourvu qu'on ait l'oeuvre.

Qui plus est, madame la ministre, nos réflexions ne sont pas nourries par Amazon, Google, Apple ou Kobo. Vous auriez dû lire *"le livre numérique, fils de l'auto-édition"* !

Nos réflexions sont nourries des combats des écrivains contre les éditeurs qui les exploitent depuis deux siècles.

Nos réflexions sont nourries par la volonté d'un Balzac, se ruinant en essayant d'être indépendant, par les colères de Marcel Proust envers Gallimard finalement devenu son éditeur mais laissant sortir des exemplaires truffés de fautes.

Nos réflexions sont nourries par Céline. Certes, vous pouvez le considérer excessif dans *"tous les éditeurs sont des charognes"* mais Gaston Gallimard ne pratiquait pas non plus l'amour fou avec *"un auteur, un écrivain, le plus souvent n'est pas un homme. C'est une femelle qu'il faut payer, tout en sachant qu'elle est toujours prête à s'offrir ailleurs. C'est une pute."*

Suite : *"Elles cherchent à établir ce contact direct avec les auteurs. Leur modèle est séduisant : il réclame la « démocratie des écrivains », là où régnait la « République des lettres ».*
Pourtant, je crois qu'une industrie culturelle aussi

17

complexe que la vôtre ne pourra pas reposer sur ce nouveau modèle. Je ne partage pas ce point de vue et je crois qu'il est utopique."

Quelle grande femme de gauche fermant ainsi la porte aux écrivains d'un cinglant "utopique." Cette gauche a perdu toute possibilité d'utopie ? Les écrivains qui l'ont soutenue se seraient donc trompés ? Elle ressemble étrangement à la droite ?

On ne lui demande même pas de partager notre point de vue sur l'auto-édition mais seulement de ne pas subventionner les installés au point qu'ils parviennent à nous rendre invisibles des lectrices et lecteurs.

L'auteure du roman *"les derniers jours de la classe ouvrière"* ne peut adapter à la classe littéraire son *"Combien de temps encore allons-nous tolérer cette oppression, qui sert les possédants aux dépens de la classe ouvrière ?"* (page 116, édition Stock)

Les puissants tremblaient comme tremblent nos chers éditeurs : *"Voilà ce qui fait peur, parce que nous sommes le nombre, nous sommes la force, et eux ils sont la minorité qui nous exploite."*

Quant à la complexité de *"l'industrie culturelle"*, elle provient plus du processus industriel que de la Culture. Notre ambition doit être de simplifier au maximum, de sortir des impasses où l'écrivain devait se soumettre au système ou être invisible. Pourquoi un bon livre d'un auteur indépendant ne peut pas être présenté par les grands médias ? La grande idée de liberté que prétendent encore porter des femmes et des hommes de gauche, doit-elle s'arrêter où débutent les intérêts des éditeurs qui ont su s'allier chroniqueuses et chroniqueurs ?

18

Suite : "Tous les textes ne sont pas des livres et c'est précisément à l'éditeur que revient de faire le partage ; c'est lui, qui, devant la multitude des textes, doit porter la responsabilité de savoir dire non, quitte à, parfois, commettre une erreur.

Il n'y a pas de livre sans éditeur ; l'éditeur distingue la création, puis il l'accompagne, il la promeut, il la publie ; il favorise sa circulation."

Qu'est-ce qu'un éditeur pour lui accorder un tel immuable pouvoir ? Il sépare la bonne grammaire de l'ivraie ! Le Dieu de la Littérature ?

Comme la salle devait jubiler : la grande opération de lobbying donne de bons fruits ! Exemple dans le texte « *Le livre numérique : idées reçues et propositions* », diffusé au salon du livre de Paris, lors des Assises professionnelles du livre, organisées par le SNE, le 17 mars 2009.

À l'affirmation à combattre « *On pourra se passer d'éditeur à l'ère du numérique* », le SNE fournissait un véritable kit de réponses : « *Stephen King a tenté l'expérience de vendre directement ses livres en ligne. Devant l'échec complet de sa tentative, il est revenu vers son éditeur...* » Vous voyez bien que c'est impossible, Stephen King a échoué ! Mais, il convient de ne pas préciser "avant le Kindle et l'Ipad."

D'ailleurs : « *Cette idée reçue provient d'une méconnaissance du métier et de la valeur ajoutée de l'éditeur.* » Et la grande vérité selon le SNE : « *Plutôt discret et en retrait derrière ses auteurs, l'éditeur a pourtant un rôle crucial : il sélectionne et « labellise » les œuvres en les intégrant dans un catalogue, un fonds, une marque reconnus par les lecteurs ; il apporte une contribution intellectuelle (« création éditoriale »)*

19

importante ; enfin il s'engage à exploiter commercialement les œuvres de manière continue (vente de livres, de droits dérivés, etc.). »

Quelle belle contribution intellectuelle avec Loana, Lorie, Patrick Sébastien, VGE, les présentateurs des émissions télévisées... Quant à oser proclamer *"exploiter commercialement les œuvres de manière continue"*, est-ce décent quand les éditeurs se contentent d'exploiter le lancement d'un livre et préfèrent ensuite l'abandonner, au point qu'il y aurait plus de 500 000 oeuvres publiées au vingtième siècle mais indisponibles car justement les éditeurs ont "oublié" de les exploiter de *"manière continue"* (ainsi l'état a accepté que soit votée la loi 2012-287 pour essayer de donner aux éditeurs les droits numériques sur ces oeuvres abandonnées ; voir le livre *Écrivains, réveillez-vous ! - La loi 2012-287 du 1er mars 2012 et autres somnifères*).

La bonne élève Filippetti fut acclamée ? Nous pouvons néanmoins lui accorder *"Il n'y a pas de livre sans éditeur ; l'éditeur distingue la création, puis il l'accompagne, il la promeut, il la publie ; il favorise sa circulation"* en rappelant que tout auteur légalement indépendant s'est déclaré auteur-éditeur, une profession libérale (ou désormais en statut d'auto-entrepreneur). Une redéfinition de la notion d'éditeur s'impose...

Certes, certains pourraient prétendre qu'il s'est agi d'un discours équilibré, avec *"je crains que vous n'entriez dans l'ère du soupçon pour n'avoir pas été assez audacieux sur le niveau des rémunérations servies aux auteurs en matière de droit numérique. Les taux sont trop faibles, à l'évidence, et avivent le désir des auteurs de négocier séparément l'exploitation papier et numérique ; vous savez, comme moi, qui se tient en embuscade."*

Mais madame la ministre se situe toujours dans le cadre de la note d'analyse 270 *Les acteurs de la chaîne du livre à l'ère du numérique - Les auteurs et les éditeurs :* *"Simultanément diffuseur, distributeur, éditeur et propriétaire d'une solution technologique qui domine très largement le marché des liseuses, Amazon bénéficie d'une force de frappe commerciale redoutable, grâce à laquelle sa branche édition pourrait bien offrir aux auteurs des conditions de rémunération nettement plus attrayantes que les éditeurs traditionnels."*

L'état devrait se réjouir quand des écrivains aux difficultés connues pour obtenir un revenu décent peuvent espérer une *"rémunération nettement plus attrayante"*... mais Amazon est l'ennemi ! Une volonté étatique de maintenir les écrivains dans la dépendance des éditeurs ? Donc dans la précarité ? Une volonté politique de maintenir les écrivains indépendants dans la pauvreté ? Un choix de société ?

Et madame la ministre relaye la note : faites un petit effort de rémunération et les écrivains souriront. Faire un petit effort de rémunération pour les "auteurs importants" (fortes ventes) sera facile aux éditeurs : leur marge de manoeuvre est énorme, en partant d'un "équitable" où ils gagnent directement quatre fois plus que les Hommes de lettres, et indirectement parfois six ou sept fois plus (en englobant la distribution).

Son collègue socialiste, David Assouline, au Sénat, le 29 mars 2011, se scandalisait pourtant : « *Avec le livre numérique, l'éditeur touchera sept fois plus que l'auteur ! »* Il ne fut certes pas choisi par François Hollande pour la rue de Valois...

Naturellement, madame la ministre s'adressait à un auditoire particulier, celui du SNE, dont Antoine Gallimard quittait la présidence... Alors, le clin d'oeil littéraire fut sûrement apprécié, le reste n'étant que banalité pour les chroniqueurs ! "*Je crains que vous n'entriez dans l'ère du soupçon...*" Figure de style ? *L'ère du soupçon* étant le titre de l'ouvrage de référence de Nathalie Sarraute, publié par la maison Gallimard...

Madame la ministre sent pourtant l'inéluctable victoire des écrivains sur les éditeurs ?

De son discours au SNE, il convient d'analyser la fin. Il s'agit du texte officiel.

(http://www.culturecommunication.gouv.fr/Espace-Presse/Discours/Discours-d-Aurelie-Filippetti-ministre-de-la-Culture-et-de-la-Communication-prononce-a-l-occasion-de-l-Assemblee-generale-du-Syndicat-national-de-l-edition)

J'ignore si cette conclusion fut intégralement prononcée. Pierre Assouline, dans son blog sous *Le Monde*, notant "« *Et vous savez, comme moi, qui se tient en embuscade…. » dit-elle, le ton et le regard chargés de sous-entendus faisant résonner les points de suspension tel un vol d'Amazon sur l'azur étoilé, licence poétique qu'a dû apprécier le ministre Arnaud Montebourg, qui a depuis peu le bonheur d'accueillir les entrepôts de la librairie number one in the world dans sa Bourgogne (est-ce pour cela que le nom d'Amazon ne fut pas cité alors qu'il figure dans le texte du discours ?).*" Le passage de l'Amazon biffé étant donc "*Je redis à cet égard mon attachement à la loi sur le prix du livre numérique, en dépit des agissements contraires d'Amazon.*"

Je peux assurer qu'Amazon vend mes ebooks au prix éditeur, tel que défini chez mon edistributeur, où j'ai la possibilité de le modifier rapidement (sous 48 heures).

Bref, madame la ministre avant les petits fours au SNE :

"*Pour Rousseau, comme pour les écrivains et penseurs de son époque, l'édition des textes et les conditions de leur publication a constitué un enjeu de première importance. Ce siècle de révolution des idées fut aussi, logiquement, un siècle de grands changements dans l'édition et le commerce du livre.*

Pour contourner la censure du roi de France, des imprimeurs-libraires s'étaient implantés sur les confins du royaume, là où la police ne pouvait les atteindre. En Suisse, aux Pays-Bas, au Luxembourg - déjà ! - les idées nouvelles pouvaient prospérer.

Ces presses périphériques, comme on les appelait, représentaient la liberté et l'impossibilité d'arrêter les idées en marche."

Le déjà fut-il prononcé ? *"En Suisse, aux Pays-Bas, au Luxembourg - déjà ! - les idées nouvelles pouvaient prospérer."*

C'est au Luxembourg qu'Amazon implanta son siège européen, bénéficiant ainsi, désormais, d'une TVA à 3% sur les ventes d'ebooks. Déjà, presque un lapsus révélateur. "Lapsus", oui, cette idée nouvelle que les auteurs peuvent vivre de leur plume sans générer un chiffre d'affaires énorme, car sans laisser 90% des revenus de leurs oeuvres aux intermédiaires. Où l'on retrouve un peu de l'Aurélie auteure des *"derniers jours de la classe ouvrière"* ? Un peu réfractaire au *"il fallait suivre la ligne du Parti. Qui n'est pas avec nous est contre nous"* (page 120) ? Madame la ministre désormais dans le camp des puissants se souvient de ses origines, ses combats, dans ce "déjà" ? *"Il faut dire que le curé l'a braqué en lui répétant qu'il devait toujours respecter les maîtres, Monsieur le Directeur et Monsieur le Maire"* (page 106). Elle étouffe **déjà** de devoir respecter les maîtres, Gallimard, Lagardère and cie ? Mais ce respect figure dans la feuille de route du Président pour se maintenir au poste plus de quelques mois ? (qui plus est, il serait peut-être mal vu par la compagne de Moi Monsieur François Hollande, d'oser contrarier les intérêts d'Arnaud Lagardère, aussi propriétaire de *Paris-Match* pour lequel travaille Valérie Trierweiler)

Entre la politique et la littérature, sa vie a balancé. Il en reste sûrement quelques "déraillements." Comme ce "déjà." Mais ne nous inquiétons pas pour elle, elle saura devenir un bon personnage politique si tel est son réel désir. Puis-je lui souhaiter, les yeux dans les yeux (ça reste du virtuel !) d'essayer, encore, la littérature ?

La suite et fin du discours contrebalancent ce "déjà" mais les deux syllabes existent : "*Mais en même temps, situées hors des frontières du royaume, elles diffusaient les textes sans contrôle de leurs auteurs.*

Combien d'écrivains de ce temps ont pesté contre ces éditeurs hors d'atteinte, qui ne respectaient ni leur texte, ni leur volonté. Il n'est pas étonnant que les principes du droit d'auteur soient nés à ce moment là.

Nous voyons aujourd'hui fleurir des presses périphériques d'un nouveau genre. Leur puissance de diffusion est celle des technologies de notre temps et, comme celles du 18e siècle, elles jouent la musique séduisante de la liberté.

Cette liberté là, celle de l'accès illimité aux contenus culturels, a un double visage, nous le savons. Sachons l'accueillir sans crainte, mais sans naïveté. En toute connaissance de cause et pour le bien du public, sachons faire bon usage de ces nouveaux territoires. Je vous remercie."

Faut-il préciser à madame la ministre, la rassurer, que jamais Amazon ne diffuse un texte sans l'accord de son éditeur ? La firme "luxembourgeoise" se situe bien dans un partenariat avec les éditeurs, en se rémunérant avec une marge de 30%, que nous acceptons de laisser à tout site revendeur de nos oeuvres !

28 juin 2012, après le discours

Le jeudi 28 juin 2012, à 16 heures 26, Nicolas Gary s'est empressé de publier son scoop, sur son site média ActuaLitté (http://www.actualitte.com/societe/exclusif-filippetti-c-est-l-editeur-qui-fait-la-litterature-35044.htm).
Il avait obtenu quelques précisions de madame la ministre, dont une petite phrase qu'il convient naturellement de replacer dans son contexte *"C'est l'éditeur qui fait la littérature."*
Il n'avait certes pas réussi à lancer un débat entre Aurélie et Arnaud, Arnaud Montebourg (et non Lagardère, qui reste le patron du plus grand groupe français), présent pour louer l'arrivée d'Amazon en Bourgogne, à cette grande messe du SNE... où il convenait de dénoncer les faux emplois de libraires du mastodonte de l'Internet. Naturellement, nous savons bien que les "vrais libraires" font plus qu'ouvrir des cartons pour placer aux meilleures tables les ouvrages vus à la télé. Oui, ils remplissent ces mêmes cartons quelques semaines plus tard des invendus et parfois encaissent les ventes alors qu'Amazon obtient un flux numérique d'argent. Il s'agit bien de la nuance ? Mais non ! Le libraire conseille les oeuvres de qualité, d'ailleurs il suffit de consulter la liste des meilleures ventes, de Marc Levy à Guillaume Musso en passant par le bon docteur Dukan, des pointures de la Littérature !

Aurélie Filippetti, au sujet de l'acte 2 de l'exception culturelle, pour lequel un jeune homme de confiance fut nommé, Pierre Lescure : « *Il y a trois piliers dans cette mission, d'abord, le développement de l'offre légale, ensuite la lutte contre la contrefaçon commerciale, et puis, la recherche de nouvelles sources de financements. Et donc, la taxe Amazon entre dans le cadre de cette mission Lescure. Cela va prendre un petit peu de temps, quelques mois, et les préconisations seront présentées au début de l'année prochaine. »*

Sarkozy ce fut "la taxe google" ! Quand l'échec de la politique essaye de se rattraper en inventant des taxes... pour aider les déjà soutenus qui ont conduit à un blocage de l'économie, duquel savent profiter quelques sociétés de pays dont les états ne visent pas à maintenir des situations établies au détriment de l'innovation.

Si la lutte contre la contrefaçon commerciale est naturellement souhaitable, elle ne concerne pas forcément le ministère de la Culture mais celui de la Justice, où il serait préférable de permettre un accès rapide et vraiment gratuit à l'ensemble des ayants droit.

Quant au développement de l'offre légale, malheureusement, quand ce ministère s'y intéresse, ce n'est jamais pour soutenir les écrivains mais en suivant les recommandations des installés. Troisième point : la recherche de nouvelles sources de financements. Pour en faire quoi ? Amazon est un véritable partenaire des éditeurs, il demande une commission correcte, 30%, quand certains essayent d'obtenir plus ! Il existe même un projet 100% français qui souhaita obtenir 35% d'un edistributeur...

Amazon, victime d'une taxe, la répercuterait "sûrement" sur les éditeurs. Quel bénéfice pour les éditeurs ? Simplement une distorsion de concurrence : l'argent serait transféré aux installés, comme la taxe pour la "copie privée" ou "la rémunération pour prêts en bibliothèques",

grands circuits financiers d'où pas un centime ne revient aux auteurs-éditeurs [À lire : *Copie privée, droit de prêt en bibliothèque : vous payez, nous ne touchons pas un centime*, du même auteur]. Les taxes sont faites pour prendre à tous et redonner à certains, avec toujours une part pour "des initiatives culturelles."
Une distorsion de concurrence ?

Alors, pas de littérature sans éditeur ? L'auto-édition c'est de la merde ? Naturellement monsieur Gary ne questionna pas ainsi. Aurélie Filippetti : « *L'éditeur a un rôle éminent dans le processus de création. C'est une question passionnante. Et sans entrer dans un débat philosophique sur le processus de création, quand on écrit, chez soi, on a besoin d'avoir le regard d'un éditeur, pour venir sanctionner, dans le bon sens du terme. C'est-à-dire, donner le jugement d'un professionnel, sur le texte que l'on est en train de rédiger. Et sans cela, même si on se publie soi-même, et que l'on peut toucher un public au travers des réseaux, on n'a pas cette reconnaissance de se sentir écrivain. L'écrivain ne naît qu'au travers du regard de l'éditeur. Et moi je l'ai ressenti en tant qu'auteur : j'aurais pu écrire le même livre que celui que j'ai rédigé, si je n'avais pas eu Jean-Marc Roberts, le résultat n'aurait pas été le même.* »
Certes, des propos de cocktails, qu'on pourrait entendre en souriant. Mais il s'agit des paroles de la Ministre en exercice.
Aurélie Filippetti plus écrivain que Stéphane Ternoise ? Lisez ses romans et les miens !
Jean-Marc Roberts, le si plaisant patron de la maison Stock, filiale du groupe Lagardère via Hachette Livre.

Madame la ministre, auteure Lagardère, alors que son prédécesseur, Frédéric Mitterrand, portait une tunique Editis, le deuxième groupe d'édition français, jaquette Robert Laffont. *Les Derniers Jours de la classe ouvrière*, son premier roman, publié le 17 septembre 2003 : sur Amazon, début juin 2012, seuls des "vendeurs tiers" proposaient le format broché, donc "indisponible" en "édition originelle direct éditeur" ; Stock édite l'ebook, vendu 5,49 euros. Bizarrement, logiquement plutôt, le 23 juillet, il retrouve son statut disponible, à 14,49 euros, *"Plus que 14 ex (réapprovisionnement en cours). Commandez vite ! "*

Ce roman semble donc avoir été réédité après la nomination au ministère de l'auteure. Les invendus furent précédemment envoyés au pilon ? Quand on sait qu'un cinquième de la production nationale, plus de cent millions d'exemplaires chaque année, sont détruits (lire *Le pilon, ce que nous en savons - Des millions de livres détruits sur ordre des éditeurs* de Thomas de Terneuve), l'hypothèse apparaît plausible.

Je ne pouvais pas écrire cet essai sans lire ce roman. Un premier roman sans grand intérêt, lourd, même si, naturellement, il semble désormais de bon ton de louer son versant social engagé...

La ministre ajouta même « *mais surtout, on a besoin de cette médiation, pour se reconnaître, soi-même, comme auteur, et pour savoir que son texte est vraiment un livre.* »

Il n'y aurait rien eu à contester si elle s'était confiée d'un « *mais surtout, j'ai eu besoin de cette médiation, pour me reconnaître comme auteur, et pour penser que mon texte était vraiment un livre. Qu'est-ce que j'en ai bavé ! Des années pour être publiée, des corrections que j'ai dû accepter... »*

Rapprochement inévitable d'avec le raisonnement de Philippe Djian « *vous pouvez apprendre à travailler pour faire partie des 95 % des bouquins qui encombrent les librairies. Mais les 5 % qui restent, les vrais écrivains, ceux-là sont hors de portée et personne ne peut, en effet, s'engager à vous transformer en l'un d'eux.* » (repris dans *Comment devenir écrivain ? Être écrivain !* de Stéphane Ternoise). En pensant s'élever à la hauteur de l'écrivain, la fille du maire communiste d'Audun-le-Tiche de 1983 à 1992, s'est encastrée dans les 95% des bouquins qui encombrent les librairies ! Quel fut le rôle de Jean-Marc Roberts dans le produit fini ? Dans le "processus de création" ?

Tombe alors un passage qui aurait dû susciter plus de commentaires et indignations. Aucune demande de rectification ni de droit de réponse ne semble avoir été exigée. Il ne s'agit donc pas d'une hallucination du chroniqueur ni d'une dose excessive de champagne :

Selon la ministre, « *tous les textes ne sont pas des livres. C'est l'éditeur qui fait la littérature.* »

C'est l'éditeur qui fait la littérature ! Enorme ! Le pire étant que des éditeurs semblent le croire ! Donc, puisque ce n'est pas évident, je vais accorder une entrée à cet aphorisme filippettien.

Intelligemment orientée par le petit-fils de Romain Gary sur le cas Marcel Proust, qui publia "*Du côté de chez Swann*" à compte d'auteur chez Grasset, la ministre n'hésita pas à travestir la réalité (sûrement par manque d'informations, peut-être après que cette version lui ait été soufflée à dessein quelques heures plus tôt...). Car si l'on peut lui accorder le « *Marcel Proust était désespéré que son livre ait été refusé par un éditeur* », la phrase précédente « *c'est un bon exemple de la relation nécessaire entre un éditeur et un auteur* » frise le contestable, et la suivante fera bondir toute personne ayant étudié la genèse de *la Recherche* : « *C'est ensuite, quand il a pu construire cette vraie relation avec l'éditeur, qu'il a pu réaliser la Recherche du temps perdu. Évidemment, il avait besoin d'avoir ce regard de l'éditeur.* »

Quel rôle peut-on accorder à la maison Gallimard dans les corrections de la *Recherche* ?

Qu'Antoine Gallimard intervienne alors pour prétendre « *très vite, les gens de ma maison, et mon grand-père le premier, ont reconnu leur erreur* [de ne pas l'avoir édité]. *Mais ensuite, il y a vraiment eu une relation qui aura duré jusqu'à la mort de Proust.* » Le premier mea-culpa ne revient donc pas à André Gide ? La relation très forte fut surtout une litanie de plaintes de l'auteur sur le travail bâclé de l'éditeur, « *l'édition la plus sabotée qui se puisse voir.* »

Marcel Proust avait besoin d'un éditeur pour faire connaître son oeuvre et non pour l'écrire. La maison Gallimard lui sembla la plus appropriée donc il a souhaité sa couverture. Les éditeurs étaient alors effectivement des commerciaux indispensables. Le sont-ils encore ? C'est la question essentielle, elle devrait figurer au moins sur un Post-It au Ministère de la Culture. Pour éviter de continuer à maintenir l'édition dans une impasse.

Au sujet de l'auto-édition, l'avis d'Antoine Gallimard lors

d'une intervention de voisin de cocktail : « *c'est un peu un mirage !* » rejoint celui de la ministre : « *D'abord, il manque ce regard, qui doit venir de quelqu'un d'autre. Si vous êtes en auto-édition, dans un contexte de relation uniquement avec des lecteurs, c'est autre chose. Deuxièmement, comment faire pour diffuser cette oeuvre ? (...) Mais vous avez bien besoin d'un espace de médiation. Et je reste convaincue que l'on a besoin de cette relation avec l'éditeur. L'auto-édition peut convenir, au début, quand on est en recherche d'un éditeur, pour se faire remarquer, pour commencer. Mais très vite, la logique et le souhait des auteurs, c'est d'arriver à une relation intéressante et constructive, avec un éditeur. C'est ce que veulent la plupart des auteurs.* »

Oui, un regard extérieur (qui doit venir de quelqu'un d'autre !) restera le plus souvent indispensable. Aux Etats-Unis, l'auteur, même en auto-édition, s'associe parfois à un agent. L'auto-édition ne signifie pas forcément la solitude totale ! Une correctrice, un correcteur, des amis, des lectrices et lecteurs de référence... Oui, madame la ministre c'est "autre chose" qu'une relation avec un éditeur. Puis-je vous prier de respecter cet "autre chose" ?

Avec quelle étude, l'élue de Moselle peut-elle étayer son « *L'auto-édition peut convenir, au début, quand on est en recherche d'un éditeur, pour se faire remarquer, pour commencer. Mais très vite, la logique et le souhait des auteurs, c'est d'arriver à une relation intéressante et constructive, avec un éditeur. C'est ce que veulent la plupart des auteurs.* »

Il semble évident que jamais, sauf cataclysme (salvateur séisme), Aurélie Filippetti ne s'auto-éditera : elle est devenue une notable chez qui la publication d'un livre répond plus à un besoin de notoriété qu'à un engagement de vie. Elle parle d'écrivain sans finalement savoir ce qu'est un écrivain en lutte pour une oeuvre.

Elle ajoute d'ailleurs : « *De fait, c'est le regard des éditeurs, qui fascine et importe le plus.* » D'un cas particulier, certes fréquent, elle tire une vérité qui plaît aux éditeurs. « *De fait, c'est le regard des éditeurs, qui me fascine et m'importe le plus* » aurait manqué d'engagement ! Son prochain roman, Antoine Gallimard lui publiera ? Elle est devenue tellement importante dans cet univers de la Culture !...

P.S. : Nicolas Gary n'est pas le petit-fils de Roman Kacew comme je me suis laissé aller à le prétendre plus haut, juste pour offrir une perche aux lecteurs rapides qui chercheront une petite phrase démontrant mon manque de professionnalisme !

C'est l'éditeur qui fait la littérature : une stupidité, même historique

Frédéric Mitterrand ayant été ministre de la Culture en France, Frédéric Mitterrand considérant qu'Aurélie Filippetti *"est une artiste en elle-même, c'est-à-dire un écrivain, un écrivain de très grand talent et de très grande qualité"*, Aurélie Filippetti ayant eu besoin d'un éditeur pour se considérer écrivain, on peut conclure que le besoin d'un éditeur existe chez des écrivains de grande qualité.

Mais peut-on proclamer sans ridicule *"c'est l'éditeur qui fait la littérature "* ? Sans éditeur, pas de littérature ! Observons si néanmoins, loin du regard Filippettin, de la littérature a pu éclore sans éditeur ? Je pourrais proposer mon cas ! L'Histoire littéraire classera sûrement plus haut *"Peut-être un roman biographique"* que *"les derniers jours de la classe ouvrière"* mais je peux manquer d'objectivité !

Le terme éditeur est entré dans le dictionnaire de l'Académie française en 1835. Il semble avoir été "couramment" utilisé depuis le début du siècle. L'encyclopédie de Diderot bénéficia même, dans les années 1770, de l'imagination de Charles-Joseph Panckoucke, qui en diminua le format et utilisa du papier moins cher pour réduire le prix du volume, augmenter la diffusion. Une approche d'éditeur plus que d'imprimeur.

Rappelons que l'imprimerie existe depuis Gutenberg, 1455. Il fallut donc trois quatre siècles au trio auteurs-imprimeurs-libraires pour générer un personnage central appelé éditeur... ce qui ne présage pas d'une utilité millénaire ! L'éditeur a su trouver une place dans une activité : il n'est pas certain d'en conserver une après la mutation numérique.

Alors, avant 1770 ? Selon la boussole Filippetti, exit Don Quichotte de la littérature ! Ah si Cervantes avait eu la chance de converser avec Gallimard en 1605, quelle oeuvre magistrale il aurait signé !

Quant à François Rabelais, l'ancêtre d'Antoine Gallimard n'a même pas daigné publier un communiqué lors de sa mort le 9 avril 1553. Pantagruel (1532) et Gargantua (1534) furent écrits sans l'onction d'un éditeur !

Quant à Jean de La Fontaine (8 juillet 1621 - 13 avril 1695), François de La Rochefoucauld (15 septembre 1613 - 17 mars 1680), Jean Racine (22 décembre 1639 - 21 avril 1699) et les autres, ils sont nés avant la littérature selon l'évangile de Filippetti.

Il convient d'ailleurs d'immédiatement exclure des manuels scolaires un certain Homère, auquel on concéda le privilège, avant la grande révolution Filippettienne, d'avoir pensé les deux premières œuvres de la littérature occidentale : l'Iliade et l'Odyssée.

Quant à Michel Houellebecq, qui considère la bible « *comme une oeuvre littéraire* », il devra étudier le Filippettisme.

« *Le changement c'est maintenant* » avait promis François Hollande. Versant édition, le changement consistera à donner encore plus de pouvoirs aux installés ? N'est-ce pas le pire des conservatismes que de bloquer l'innovation pour protéger les situations acquises ?

C'est l'éditeur qui fait la littérature... de divertissement ?

Osons l'hypothèse que dans le brouhaha du cocktail SNE, le chroniqueur aurait loupé la fin de la phrase d'Aurélie Filippetti *"c'est l'éditeur qui fait la littérature."* Non, impossible, il aurait eu l'audace de la prier poliment de répéter ou nous l'aurait noté ?

Cherchons néanmoins si un ajout ne permettrait pas de nous réconcilier ? Donc de la fâcher avec les éditeurs ! Terrible métier où il faut choisir son camp quand on ne sait pas rester neutre !

"C'est l'éditeur qui fait la littérature de divertissement." Les éditeurs s'offusqueraient autant de cette version que moi sans le *"de divertissement"* ?

Car naturellement, l'éditeur n'édite que des oeuvres majeures ! Dois-je une nouvelle fois fournir quelques exemples ? Juste une citation *"Nous pouvons publier un livre quelques jours après avoir reçu le manuscrit. Nous pouvons faire écrire un livre en quelques semaines par une équipe de rédacteurs, voire en quelques jours. Et nous ne nous en privons pas."* Arnaud Nourry, patron Hachette Livre, le 26 avril 2011, à la soirée de gala annuelle du *PEN Club american center*, New York.

Néanmoins « *C'est l'éditeur qui fait la littérature de divertissement* » recèle une parenté avec « *c'est l'éditeur qui fait la littérature* » : l'excès. Et si l'excès peut se comprendre d'un essayiste plus ou moins pamphlétaire, excédé par la culture officielle, il ne sied pas à une si importante ministre. L'auto-édition n'assure aucunement la qualité (les exemples d'inconsommables sont également nombreux !) mais elle la permet.

L'éditeur ne fait pas la littérature mais du commerce

Elisabeth Parinet, dans "*Une histoire de l'édition à l'époque contemporaine*", publié au Seuil en 2004, note « *éditeurs et libraires sont parmi les premiers à utiliser la réclame sous toutes ses formes.* » Honoré de Balzac déplorait déjà « *le public ignore combien de maux accablent la littérature dans sa transformation commerciale.* »

La publicité... comme prétendre que ça se vend pour vendre. Quand Proust découvre des chiffres de ventes faramineuses dans le catalogue de sa maison d'édition, qui dépassent les siennes, Gaston Gallimard lui répond : « *il est incontestable que ce genre de publicité a une certaine influence sur le public, et je vous assure qu'étant prêt moi-même à toutes les concessions, j'annoncerais volontiers que nous en sommes au 80e ou 100e mille pour A l'ombre des jeunes filles en fleurs, si toutefois vous voulez bien m'y autoriser.* »

Donc parfois des chiffres étaient gonflés ! Oh ! Ce n'est naturellement plus le cas en 2012... Sûrement !

Le droit moral d'une oeuvre reste à l'auteur, l'éditeur obtenant "simplement" le droit de la reproduire, dans les conditions et les formats spécifiés dans un contrat d'édition. Il a beau essayer de se l'approprier en utilisant des couvertures reconnues des lectrices et lecteurs ou en écrivant son nom en caractères plus visibles que celui de l'auteur, il n'est qu'un prestataire de services, un intermédiaire entre l'écrivain et son lectorat. Un intermédiaire qui a su se rendre indispensable durant des décennies en maîtrisant... l'art du commerce, dont celui des médias.

*"Les bénéfices engendrées par le succès des "mauvais"
livres commerciaux permettent de publier les "bons" livres
littéraires a priori invendables. Car un éditeur
indépendant n'a le choix qu'entre l'auto-financement et le
dépôt de bilan"* reconnaissait Pierre Belfond.

Quant à « *mais je pense précisément que les éditeurs ne
doivent pas chercher tout le temps à faire de bonnes
affaires. Je ne crois pas me vanter en disant que je suis le
dernier éditeur à l'ancienne, à me comporter encore
comme un mécène. Il faut faire croire à l'auteur qu'il est
dans un petit palace. Avec le room service, même, si cela
peut le rassurer...* » Il s'agit d'une envolée de Jean-Marc
Roberts dans *Lire,* en avril 2010.
« *Le dernier éditeur à l'ancienne* » : Madame la ministre
avait donc croisé l'oiseau rare ! Pourtant Jean-Marc
Roberts semble être chapeauté par Hachette Livre, donc le
groupe Lagardère. Enfin, il est bien placé pour observer
ses confrères ! Tous obnubilés par la rentabilité !

La présentation d'un merveilleux univers de l'édition française ne résiste pas à l'analyse

La version des gentils éditeurs contre le méchant Amazon (auquel il faudra bientôt, heureusement, ajouter *Barnes and Noble* en espérant que *Kobo* parvienne rapidement à dépasser son partenariat peu dynamique avec *la Fnac* qui semble encore préférer vendre du papier) ne résiste pas à l'observation des faits.

La référence sur le milieu reste les *Illusions perdues* de Balzac.

Plus proche de nous, Léon Bloy essaya de publier *Le désespéré* en 1886. Les éditions Stock (eh oui, l'éditeur de madame la Ministre, comme c'est intéressant !) accepta même d'aider l'auteur durant l'écriture de son roman en lui avançant cinq francs par jour. Mais le 10 novembre 1886, Pierre-Victor Stock refusa de le mettre en vente : des journalistes menaçaient de boycotter l'éditeur si une telle vérité sortait.

[La maison Stock a fêté ses trois cents ans en 2008. Née le 8 mai 1708, quand André Cailleau fut "reçu libraire-éditeur" ; Pierre-Victor Stock en prit la direction en 1877, la rebaptisa à son nom. L'éditeur de Voltaire et Rousseau tomba dans l'escarcelle Hachette en 1961.]

Il faudra attendre 1913 pour qu'une édition digne de ce nom puisse être publiée, chez *Crès*. Depuis, ce combat est devenu un classique, néanmoins peu lu...

Quant aux contemporains, *La littérature sans estomac* de Pierre Jourde, *Petit déjeuner chez Tyrannie* d'Eric Naulleau ou *Ma vie (titre provisoire)* de Jack-Alain Léger sont suffisamment éloquents pour conclure qu'un système mauvais dès le départ, basé sur l'exploitation maximale des écrivains, s'est, en deux siècles, affiné, industrialisé.

J'aime beaucoup *Ma vie (titre provisoire)*. Et même pas pour son utilisation de presses lotoises en juin 1997 ! (ce qui ne fut le cas d'aucun de mes livres, ayant toujours trouvé ailleurs un meilleur rapport qualité prix)
Jack-Alain Léger fit une entrée fracassante dans le monde des lettres en 1976, avec *"Monsignore"*, chez Robert Laffont : trois cent mille exemplaires, adaptation au cinéma, traduction en vingt-trois langues. Ses livres suivants ne parvinrent pas à renouveler le succès. *"Ma vie (titre provisoire)"* est donc le résumé de cette chute dans la considération du milieu littéraire. Néanmoins, au même moment, il réussissait une nouvelle percée, sous le pseudonyme masqué de Paul Smaïl, un nouveau best-seller *"Vivre me tue"*. Ce « *témoignage d'un jeune beur* » publié chez Balland était donc fictif, ce qui choqua certains, quand l'identité de l'auteur fut connue, en l'an 2000. Sûrement les critiques qui ne l'aimaient pas et se sont retrouvés à promouvoir ce texte ! Vive les pseudonymes ! Comme si la littérature, ce n'était pas un jeu de rôles !

« J'ai su alors ce que peut nourrir de haine à l'endroit d'un écrivain uniquement écrivain la pègre des gens de lettres dont Balzac a si exactement dépeint les moeurs dans Illusions perdues*, moeurs qui n'ont pas changé, si ce n'est en pire : vénalité, futilité, servilité.*
J'avais perdu mes dernières illusions sur ce milieu dont les pratiques ressemblent tant à celles du Milieu :

parasitages de la production, chantages à la protection, intimidations, etc. Publication de livres que l'éditeur juge médiocres ou invendables mais qu'il surpaie à des auteurs disposant d'un pouvoir quelconque dans les médias... (...) Fabrication par des nègres et des plagiaires d'une fausse littérature qui, comme la mauvaise monnaie, chasse la bonne... Calomnies et passages à tabac pour les rares francs-tireurs. « Nous avons les moyens de vous faire taire définitivement ! » me dit, sans rire, un critique, par ailleurs employé d'une maison d'édition et juré de plusieurs prix littéraires auquel j'ai eu le malheur de déplaire. Je n'étais d'aucune coterie, détestant ces douteuses solidarités fondées sur des affinités sexuelles, politiques ou alcooliques, voir une simple promiscuité au marbre d'un journal ou à la table ovale d'un comité de lecture ; j'étais puni. On me faisait payer cher de n'avoir jamais eu de « parrain ». »

Le système de l'édition classique, longtemps indispensable, semble plutôt mauvais, tout simplement car il cherche à exploiter l'écrivain plutôt qu'à lui rendre service.

Ce qui peut se comprendre d'une activité commerciale. Mais les éditeurs "exigent" qu'on leur accorde qu'ils agissent au nom d'une haute idée de la Littérature, ce qui n'a jamais existé ! Il y eut bien quelques éditeurs pour miser sur des écrivains mais ils misaient, comme sur un bon cheval. Les médias qui ont longtemps trouvé leur intérêt à propager l'édition bisounours, vont se réveiller ? Certains balancent parfois... mais l'essentiel reste préservé : aucune véritable présentation du modèle alternatif, l'auto-édition.

41

Les (grands) écrivains savent refuser les conseils des éditeurs

Chez les *grands* écrivains (utilisons ce terme pour reprendre les 5% de l'analyse de Philippe Djian) non seulement l'éditeur ne fait pas la littérature mais l'auteur sait refuser les bons conseils de ces prétendues omniscientes sommités.

Baudelaire, à Alphonse Calonne, le directeur de *La Revue contemporaine* : « *cher Monsieur. Je suis désolé de vous faire observer pour la dixième fois qu'on ne retouche pas MES vers.* »

D'une phrase restée célèbre, Victor Hugo refusa les amicales demandes de l'éditeur Lacroix, souhaitant raccourcir "*les Misérables*" : « *le drame rapide et léger ferait le succès des douze mois ; le drame profond fera le succès des douze ans.* » De la même manière, quand les correcteurs pinaillaient en contestant le bon français d'une expression, il rétorquait « *il le sera.* » Marguerite Yourcenar affrontaient "les mêmes" : « *une des raisons d'être de l'écrivain est de lutter contre un certain conformisme superficiel du langage, qui, accepté comme un article de foi, va à l'encontre des lois plus subtiles ou plus complexes, et tend, sous prétexte d'uniformiser, à appauvrir finalement le français.* »

Flaubert : « *un éditeur vous exploite, mais il n'a pas le droit de vous apprécier.* » Il lui arriva même de refuser à l'éditeur une lecture avant publication, comme pour *Salammbô*.

Chez Gallimard, les murs se souviennent de Marguerite Duras : aucune remarque tolérée sur ses textes, ainsi elle exigea un autre interlocuteur quand Raymond Queneau s'en permit une.

La même maison demanda à Louis-Ferdinand Céline (alors docteur Destouches) des coupes, des corrections au *Voyage au bout de la nuit* pour le publier. Il fallait *"alléger"* selon Benjamin Crémieux, le lecteur de Gallimard « *en supprimant les passages qui en rendent la lecture difficile et qui gâtent un livre des plus sympathiques et remarquable en beaucoup d'endroits. Notre Comité de Lecture a été unanime à apprécier votre manuscrit et si comme nous l'espérons vous voulez consentir à l'élaguer nous serions heureux d'en envisager la publication.* » Les éditions Denoël le publièrent mais furent ensuite rachetées par Gallimard... devenu "l'éditeur de Céline."

5% de *grands* écrivains et 95% d'écrivains *mineurs*. Il convient donc de classer Aurélie Filippetti dans la seconde catégorie (malgré l'ascension sociale, c'est le retour aux sources, au fond... ; tout le monde comprendra cette facilité de langage, cette ironie iconoclaste, ou faut-il rappeler le grand-père mineur de la fille du maire conseiller-général ?).

Naturellement, il peut se trouver des contre-exemples où l'éditeur a réellement aidé l'écrivain à accoucher d'une oeuvre majeure... ce qui confirme bien l'approche Djian-Ternoise !

Jean-Marc Roberts, une sommité du monde des Lettres : auteur de nombreux romans (qui les a lus ?) mais surtout directeur des *Editions Stock*, une filiale du groupe *Hachette Livre* donc du mastodonte *Lagardère* (12% du capital au Qatar).

Il restera peut-être célèbre pour avoir lancé Christine Angot, écrivain suivant les critères de sa collègue Aurélie Filippetti.

Le 18 août 2009, sur *France-Inter*, monsieur Jean-Marc Roberts dégainait une théorie sur l'ebook : « *juste bon pour les SDF.* » Forcément ! Quand on réussit sa vie, on a une Rolex et une pièce suffisante pour stocker l'ensemble de ses livres, on peut même les acheter à plus de vingt euros... il ne faut surtout pas imaginer que la même oeuvre puisse se vendre quatre fois moins chère avec le même revenu pour l'auteur !

Le 17 août 2011, cette fois presque chez lui, chez ses collègues d'*Europe 1* (du groupe Lagardère), au micro de Benjamin Petrover, ce fut d'abord une banale attaque contre « *ces petites machines que l'on voit partout que l'on appelle ordinateurs.* » Mais le meilleur allait suivre : « *Je vous avoue mon inquiétude. Je ne suis pas d'habitude très pessimiste, je suis plutôt "allez on y va, on positive, etc.", mais là, la première chose qu'il faut dire, c'est que certains libraires indépendants - les petits, les moyens, les grands aussi, sont en danger de mort. On peut publier autant de livres que l'on veut, si les gens ne retournent pas en librairie...* » Comme on le sait, chez Hachette, on a toujours soutenu les petites librairies qui vous vendent des livres ardus comme les édite le Groupe... Quant à la disparition des libraires : épiphénomène. L'essentiel, ne l'oubliez jamais, c'est l'écriture d'oeuvres majeures et leur lecture par le plus grand nombre.

Et pour une suite logique à la loi Lang sur le prix unique, il invite à se « *battre pour un lieu unique.* » Une loi pour obtenir un monopole de la vente du livre : « *le lieu unique c'est la librairie, c'est pas la vente en ligne. La vente en ligne, moi je crois que c'est ça qui va peu à peu détourner le vrai lecteur de son libraire, et donc de la littérature.* » Qui passe encore chez un libraire, où le plus souvent il faudrait revenir car le livre désiré doit être commandé ! Mais ne sera pas envoyé au modeste acheteur !

Le vrai lecteur, pas le faux lecteur perdu dans un ebook de ce genre ! Et si Amazon ou la Fnac s'amusaient à déréférencer Hachette durant un mois, juste pour voir !

Ce combat s'inscrirait dans l'Histoire : "*Il y a trente ans, Jérôme Lindon s'est battu pour le prix unique. Aujourd'hui je pense qu'il faut se battre pour le lieu unique.*" Prix unique, lieu unique, éditeur unique ? Car enfin, toutes les maisons d'édition pourraient se regrouper sous l'enseigne Lagardère ? Est-ce que l'ancien directeur des *Éditions de Minuit*, se retourne dans sa tombe d'une telle récupération ?

Il faudrait aussi interdire les ordinateurs, peut-être, car enfin : « *le temps de cerveau disponible est beaucoup moins important, et malheureusement que ce soit pour les radios, pour les éditeurs, pour les libraires, je pense qu'il y a tout un temps consacré à aller sur un blog, choper une info, un scoop, une rumeur qu'on n'a pas... les gens passent deux à trois heures quotidiennes de leur vie à faire ça et pendant ce temps-là ils ne lisent pas.* »

45

Dans la galaxie Lagardère, Jean-Marc Roberts préparait les esprits à la grande tirade de Cyrano de Bergerac de Beigbeder contre l'ebook ?

S'agit-il d'un 100% Jean-Marc Roberts ? Car finalement, ces propos ont une certaine cohérence avec ceux de décembre 1998, retrouvés sur de vieilles notes (eh oui, avant Internet, il était utile de prendre des notes... cet article n'est pas en ligne, il fut publié le 17, dans le numéro 737 de *l'évènement du Jeudi*) : « *l'un des problèmes du système de l'édition, c'est la rotation des stocks. Un auteur travaille pendant des années un texte dont le sort va se jouer en deux semaines (...) Personne n'ose le dire, mais je vais vous le dire : il n'y a pas trop de livres, il y a trop d'éditeurs... ce sont en plus des maisons où les gens sont mal payés, les auteurs mal distribués... Le pire, c'est que les éditeurs qui ont pignon sur rue se sont mis, du coup, à trop publier dans le but d'occuper l'espace et les tables des libraires ! Plus il y a de petits éditeurs (ou de gros d'ailleurs) qui viennent au monde, plus les grandes maisons se sentent menacées, et plus elles publient !* »

Donc "chez Lagardère" les gens sont bien payés ? Et les auteurs bien distribués ! Bien payés ?

Un seul éditeur, un seul endroit où acheter des livres dont les marges sont naturellement imposées par le grand éditeur. Une seule radio (Europe 1 naturellement). Et un seul site internet accessible !

Comme ce serait beau un monde Lagardère. La nuit ?

Aurons-nous bientôt droit à un "*Ce que François Mitterrand a fait pour le livre papier, il faut que François*

Hollande le continue. Aurélie Filippetti se placera ainsi au même niveau que Jack Lang dans l'Histoire de France. Tout livre, qu'il soit en papier ou numérique, doit être vendu par une librairie, doit avoir reçu l'aval d'un éditeur membre du Syndicat National de l'Edition, seul organisme à même de juger si une oeuvre est ou non de qualité..." ?

Car enfin, soyons rationnels, si les lectrices et lecteurs se mettent à acheter chez les indépendants, même les écrivains Lagardère vont finir par comprendre qu'ils s'endorment peut-être dans une impasse, certes pour les beaux yeux des actionnaires, ce qui peut mériter une belle médaille par une ministre amie.

Soutenir la librairie classique, c'est soutenir les éditeurs installés, essayer de stopper le développement de l'auto-édition

Toujours dans le discours de madame la ministre au SNE : *"Enfin, j'ai réuni les représentants des réseaux de librairies et des collectivités territoriales la semaine dernière, pour évoquer les premières perspectives d'un plan pour la librairie. Je tiens, bien entendu, à ce que vous soyez pleinement associés à cette discussion car, encore une fois, votre responsabilité sur la chaîne du livre est grande."*

Il faut cesser de soutenir une librairie condamnée si elle se montre incapable d'évoluer.

La librairie, même celle dite indépendante, a depuis longtemps choisi son camp : le travail avec les distributeurs, donc l'absence en ses murs des écrivains indépendants, et l'absence en ses murs des "vieux livres" (envoyés au pilon). La librairie a choisi le circuit proposé par les puissances d'argent, où l'édition indépendante ne pouvait entrer. Dans la nouvelle donne du livre numérique, elle peut légitimement prétendre jouer un rôle d'intermédiaire mais elle doit rapidement trouver sa place. **C'est aux libraires de trouver leur place dans la révolution numérique, non aux écrivains de leur offrir du chiffre d'affaires !** Qu'ils vendent des liseuses, des tablettes, installent des bornes de téléchargement d'ebooks et invitent des écrivains (naturellement en payant leur travail, leur déplacement, leur présence, et non en les obtenant gratuitement comme ils y parviennent souvent encore actuellement).

Un plan pour la librairie des collectivités territoriales ? Inquiétant pour les contribuables ! Encore de l'argent dilapidé en perspective. Encore. Vivant dans le département du Lot, région Midi-Pyrénées, inutile de chercher ailleurs des exemples d'aides aux libraires...

Le Centre Régional des Lettres Midi-Pyrénées

Le Centre Régional des Lettres Midi-Pyrénées, selon sa présentation officielle, se prétend au coeur de la politique du livre en région, *"plate-forme d'échanges, de débats et de partenariats entre acteurs de la chaîne du livre. Qu'il s'agisse de conseil, d'expertise, de financement ou de mise en réseau, le CRL accompagne auteurs, éditeurs, libraires et professionnels des établissements documentaires de la région Midi-Pyrénées dans leurs projets."*

La page *"missions"* le prétend : *"à l'écoute de leurs préoccupations en un temps où la révolution numérique transforme en profondeur les métiers du livre."*

Qu'entend le CRL par *"Soutenir la création et la chaîne du livre"* ?
La réalisation d'études (où naturellement la sélection rigoureuse des personnalités écoutées doit garantir l'impartialité... ou peut-être d'obtenir des conclusions conformes aux souhaits de certains ; ainsi je n'ai "naturellement" jamais été consulté sur le livre numérique... il est vrai que les libraires sont sûrement plus compétents... Comme en témoigna, en 2011, le groupe de travail régional interprofessionnel sur le livre numérique *"le numérique et les métiers du livre"*) et l'attribution d'aides "aux acteurs du livre."

Qui sont ces acteurs du livre ?

- *Auteurs : bourses d'écritures versées par le CRL pour favoriser la création littéraire en Midi-Pyrénées.*

- *Editeurs : présence à Vivons Livres ! Salon du livre Midi-Pyrénées, aides aux déplacements hors région (entre autres le Salon du livre de Paris), aides à la fabrication et à la traduction, toutes versées par la Région Midi-Pyrénées.*
[il convient de préciser : le salon du livre de Paris est organisé par le Syndicat des éditeurs, le SNE ; circuit fermé aux indépendants]

- *Libraires : mise en place d'une politique d'aide à la librairie indépendante, financée majoritairement par la Région Midi-Pyrénées, avec le soutien de la DRAC.*

Dans les **critères d'attribution des bourses d'écriture 2012** (9 bourses par an chacune d'un montant maximum de 8 200 €), les auteurs-éditeurs, même professionnels, sont ENCORE exclus d'une phrase : "*l'auteur doit avoir publié au moins un livre à compte d'éditeur (sous forme imprimée).*"

J'ai plusieurs fois essayé de combattre cette approche, ce mépris du statut d'auteur-éditeur. Certes ne figure plus dans la rubrique "Sont exclus :" la phase "*l'auto-édition (éditions à compte d'auteur et éditions à compte d'auteur pratiquées par un éditeur professionnel).*" Oui, le professionnalisme du CRL alla jusqu'à donner cette définition de l'auto-édition !
Les écrivains indépendants sont donc exclus alors que les libraires bénéficient d'aides. Conclusion : les marchands

plus importants que les créateurs, au pays de Martin Malvy. Déduction que refuserait le président de Région ?

Le département du Lot

J'ai contacté, début 2012, le 6ème vice-président du Conseil Général, Gérard Amigues, « Vous êtes chargé de la culture, du patrimoine et des usages informatiques, et, qui plus est, avez participé au livre *Archives de pierre les églises du Moyen âge dans le Lot*. Vous connaissez donc parfaitement le sujet sur lequel je me permets de vous questionner.

Ce livre *Archives de pierre les églises du Moyen âge dans le Lot*, qui semble intéressant dans sa présentation officielle, est spécifié "*fruit des six années d'inventaire et études scientifiques de l'architecture médiévale du département, menés depuis 2005 par le Conseil général du Lot et la Région Midi-Pyrénées dans le cadre de l'Inventaire général du patrimoine culturel, avec la collaboration de l'Université Toulouse-Le Mirail.*"

Ce livre est spécifié "*coécrit sous la direction de Nicolas Bru, conservateur des Antiquités et Objets d'Art, par Gilles Séraphin, architecte du Patrimoine, Maurice Scellès, conservateur en chef du Patrimoine, Virginie Czerniak, maître de conférences en histoire de l'art, Sylvie Decottignies, ingénieur d'études, et Gérard Amigues, vice-président du Conseil général.*"
J'ai aussi lu la page 25 de "Contact Lotois", entièrement dédiée à sa publicité.

Et pourtant, je n'en ai trouvé aucune version numérique gratuite.

Toute recherche payée avec l'argent public devrait désormais conduire à une publication gratuite en ebook. C'est la position défendue dans plusieurs de mes e-books. La considérez-vous scandaleuse ?

Gilles Séraphin, Virginie Czerniak, Sylvie Decottignies, semblent donc avoir été payés par leur employeur pour travailler sur cet ouvrage. Il est possible que vous considériez que votre participation ne participe pas de vos fonctions d'élu. Donc est-ce votre contribution qui empêche la mise à disposition gratuite de cet ouvrage collectif ?

Il me semble "surprenant" mais surtout anachronique, que le département offre aux éditions Silvana Editoriale (plus un imprimeur lotois ?) et aux libraires, la possibilité de se partager la majeure partie des 39 euros de cet ouvrage. Pas vous ?»

Sa réponse eut le grand mérite de la clarté : la « *publication a été confiée à un éditeur spécialisé, sous la forme d'un pré-achat lui assurant la viabilité économique du projet. Les auteurs ont été rémunérés dans le cadre de leurs fonctions générales pour les institutions qui les emploient, et non spécifiquement pour la rédaction de l'ouvrage : ils ont concédé leurs droits d'auteurs payants, ce qui a permis de baisser le prix de vente unitaire au profit de l'acheteur.* » Oui, monsieur Gérard Amigues a bien noté au profit de l'acheteur, et non de l'éditeur, et non des libraires. 39 euros, aucun droit d'auteur à payer, un pré-achat par le Conseil Général du Lot ! Un éditeur bien engraissé ! Et des libraires qui toucheront une coquette marge !

Je vais naturellement continuer ce dialogue postal en lui

signalant qu'il est infondé de prétendre « *sans garantie de pérennité dans le temps au regard d'évolutions technologiques permanentes pouvant rendre de tels supports rapidement obsolètes* » au sujet des ebooks.

La première partie de sa phrase contenant aussi un élément contestable « *il n'a pas été envisagé de développer de version ebook de l'ouvrage, dans la mesure où cela aurait engendré un coût de développement plus important pour les deux collectivités partenaires* », je lui apprendrai donc qu'il suffit de quelques heures (pour la gestion des tables) pour transformer un document word ou works en ebook. Même avec de nombreuses images, en utilisant le logiciel *Atlantis* par exemple.

L'échec de l'édition classique en cinq lettres : pilon

Le pilon, c'est la destruction des livres invendus.

Témoins de l'échec de la gestion des éditeurs du SNE, la centaine de millions de livres qui finissent au pilon, chaque année. Oui, ils sont détruits.

Je vous conseille la lecture du court ebook *"Le pilon, ce que nous en savons - Des millions de livres détruits sur ordre des éditeurs"* de Thomas de Terneuve. Il réunit les données disponibles sur ce quasi tabou de l'édition française. Par l'auteur de *"99 centimes l'ebook, un nouveau modèle économique"*.

> L'économie du livre papier génère un immense gâchis : environ cent millions d'exemplaires finissent chaque année au pilon, sur ordre des éditeurs, au grand désappointement des écrivains.
>
> Dans les économies liées au passage à l'édition numérique, *bizarrement*, les éditeurs préfèrent ne pas aborder le dossier pilon. Certes, parler des invendus, ça ne se fait pas !
>
> Quand environ un cinquième d'une production doit être détruit, tout organisme devrait chercher des solutions et pourtant « *le pilon, ce n'est ni négatif ni scandaleux. C'est au contraire un régulateur nécessaire du secteur* », selon le Syndicat National de l'Edition.

Dans les propos d'après grande messe du SNE le 28 juin 2012, repris par ActuaLitté, l'affaire de l'auto-édition est pliée d'un définitif *« c'est un peu un mirage ! »* par Antoine Gallimard.

Le 16 mars 2012, au Salon du livre de Paris, le patron en exercice du SNE avait développé : "*Ce n'est pas l'autoédition, mise en avant aujourd'hui par les grands opérateurs du Web en même temps qu'ils escamotent les marques des éditeurs sur leur portail, qui pourra se substituer à une édition choisie, maîtrisée, orchestrée autour de marques fortes et de prescripteurs reconnus.*"

Certain, monsieur ?

Une édition maîtrisée ? Quand au contraire les éditeurs classiques multiplient les sorties, publient (presque) tout et n'importe quoi depuis des années ?

Un mirage d'Amazon pour profiter des pauvres écrivains alors que les membres du SNE souhaitent leur prospérité !

Quand Gallimard Jeunesse organise le "Concours du Premier roman Jeunesse" (en partenariat avec RTL et Télérama), du 12 avril au 31 août 2012, il précise dans son règlement :

« - Le manuscrit doit être une création originale de l'auteur, jamais publiée ni distribuée (les manuscrits auto publiés sont autorisés) »

La maison se situe bien dans la logique de l'auto-édition (qu'il préfère donc appeler autopublication) ne comptant pas vraiment, pouvant uniquement servir à se faire repérer... comme proclamerait (répéterait ?) la locataire de la rue de Valois !

Auto-édition : l'avis chez Hachette

Hachette est un groupe mondial qui connaît nettement mieux le livre numérique que ses confrères franco-français pour y être très impliqué, avec même de très grands succès, aux Etats-Unis.

Le 6 décembre 2011, Jeremy Greenfield, sur le site digitalbookworld.com (http://www.digitalbookworld.com/2011/leaked-hachette-explains-why-publishers-are-relevant/) mettait en ligne un document "interne" (également destiné à certains auteurs) que l'on peut qualifier d'anti-auto-édition, une manière de rappeler aux auteurs (et donc de fournir un kit de réponses pour les salariés en relation avec ces fournisseurs de la matière première) que leur éditeur peut leur rapporter encore nettement plus que l'aventure indépendante.

"Self-publishing" is a misnomer.
« L'auto-édition » est un terme impropre.

Publishing requires a complex series of engagements, both behind the scenes and public facing. Digital distribution (which is what most people mean when they say self-publishing) is just one of the components of bringing a book to market and helping the public take notice of it.

L'édition nécessite une série complexe d'engagements, à la fois dans les coulisses et face aux attentes du public. La distribution numérique (qui est ce que la plupart des gens entendent quand ils parlent d'autoédition) est juste l'une des composantes pour mettre un livre sur le marché et aider le public à en prendre connaissance.

[Chez Hachette France, ma définition "globale" de l'auto-
édition doit être connue... mon petit doigt prétendant
même que l'ebook « *Lettre ouverte à monsieur Arnaud
Lagardère au sujet du Livre numérique (Hachette Livre et
les ebooks, déclarations, réalité et dangers)* » y fut lu,
peut-être pour vérifier qu'il ne pouvait pas tomber sous le
qualificatif diffamatoire... il s'agit d'une analyse
rigoureuse.]

As a full service publisher, Hachette Book Group offers a
wide array of services to authors :

En tant qu'éditeur, Hachette Book Group offre une vaste
gamme de services aux auteurs :

Et quatre points développés.

1. Trouver et développer les talents.

We identify authors and books that are going to stand out
in the marketplace. HBG discovers new voices, and
separates the remarkable from the rest.
Nous identifions les auteurs et les livres qui vont se
démarquer dans le marché. HBG découvre de nouvelles
voix, et sépare le remarquable du reste.

["*Séparer le remarquable du reste*" : une autre tournure
pour une pensée chère à miss AF]

2. Financement du processus d'écriture de l'auteur.

3. Spécialiste de la distribution et des ventes : nous
assurons un auditoire le plus large possible.

4. Une marque d'édition et protection de la propriété intellectuelle.

[Il sera sûrement bientôt nécessaire aux éditeurs français de disposer de ce genre de kit de réponses aux auteurs perplexes]

Le désir d'indépendance existe depuis longtemps, la révolution numérique le permet (un texte publié en 1997 le confirme !)

Tout se publie... pourvu que le signataire, pas toujours l'auteur, soit connu. Acteur, chanteur, journaliste, politique, présentateur du vingt heures, d'un jeu ou de la météo, sportif, peu importe mais médiatique. Et même écrivain, cathodique, notable, introduit ou critique d'un grand journal. Ajoutons-y le copinage : chaque année un conglomérat poisseux s'abat sur les lecteurs potentiels... qui se soumettent, consomment du baratin au kilomètre, ne lisent plus ou se réfugient chez les classiques. Forcément c'est "la crise du livre", les professionnels récoltent les fruits de leur vénale dérive. Et pourtant persistent, mirettes sur le tiroir caisse : les "coups" gonflent les recettes, les auteurs reçoivent des miettes ou de la monnaie de singe.

Face à cette logique financière, que faire ? Geindre ? Partir à Paris et sympathiser avec une vedette ? Passer par le journalisme ? Abdiquer ? Fomenter un scandale, une polémique ? Traverser l'Atlantique à la nage ? Se contenter d'un éditeur pour l'honneur (qui ne versera aucun droit d'auteur) ? Un écrivain écrit ! Indifférent au dédain des arrivistes arrivés, ces mondains qui pavanent dans les salons parisiens et prétendent atteindre des tirages "*corrects*"... alors qu'ils conservent un métier... plus lucratif...

Ecrire oui, mais comment exister littérairement sans se compromettre ? Faire soi-même ! Etre son propre éditeur. Longtemps "faire soi-même" fut l'euphémisme complaisant accordé aux recalés du noble chemin, au "compte d'auteur", arnaque où des naïfs payent pour être *publiés*, payent de la publicité fictive ou inutile, payent toutes les prestations possibles et imaginables pour finalement rien, *l'éditeur* leur apprenant que leur texte n'ayant *"pas trouvé son public"*, ils peuvent récupérer l'intégralité (en pareil cas le nombre initialement prévu est imprimé) moyennant... un nouveau chèque ! Ces *éditeurs* se justifient : ils apportent du rêve.

Une troisième voie existe désormais, fille du progrès : il est né le divin ordinateur ! À prix abordables, traitement de texte et imprimante laser permettent d'éviter soumission à la jungle éditoriale et pièges à passionnés (compte d'auteur donc et "ateliers de conception", son dérivé, qui facture la "mise en page" au prix... du matériel informatique). Il ne reste plus qu'à dénicher un imprimeur sérieux et le moins onéreux possible.

Avec l'auto-édition, faire soi-même prend son véritable sens ; une démarche certes marginale et un brin utopiste mais d'avenir, d'auteur-artisan qui fabrique au moindre coût pour vivre son art, continuer, chercher plus loin. Vraiment indépendant et en toute légalité (n° d'éditeur : 2-9506158). Indépendant donc sans réseau de distribution. La grande difficulté. Alors, marcher à la rencontre des derniers liseurs, vendre par correspondance... Un pari catalogué *insensé* mais audacieux. Une école.

"Tout ouvrage non paru chez un grand éditeur manque de sève et de saveur" clament des pédants. Une liste, longue, d'incontestables talents partis au combat sans écurie, réfute pourtant cette sentence : Balzac, Diderot,

Montaigne, Eugène Torquet (premier prix Goncourt), Lautréamont, Voltaire... Même Marcel Proust paya pour publier *Du côté de chez Swann.*

Finalement, rien n'a changé : c'est à l'auteur de faire ses preuves, envers et contre les marchands.

Historiquement, pouvoir montrer ses textes est une chance : n'oublions jamais que faute d'argent Arthur Rimbaud abandonna *une saison en enfer* chez son imprimeur. Et l'histoire jugera, séparera le mauvais grain de l'oeuvre.

Origine de ce texte : *Assedic Blues, Bureaucrate ou Quelques centaines de francs par mois*, 1997

« *C'est l'éditeur qui fait la littérature* » de 2012 peut donc être rapproché du *"Tout ouvrage non paru chez un grand éditeur manque de sève et de saveur"* de 1997. Comme le « *un brin utopiste* » se retrouve dans « *je ne partage pas ce point de vue et je crois qu'il est utopique.* » Pour ces gens-là, internet ne doit rien avoir changé à notre monde. Ils sont à l'âge des récompenses du monde futile et des utopistes oseraient leur casser leur beau joujou !

61

Sur chaque exemplaire vendu, je toucherai combien ? Je le sais au centime près, ayant déjà commercialisé des ebooks à ce prix.

Les chiffres ! Oui, les vrais chiffres issus des tableaux de ventes.
Je pratique parfois le 99 centimes d'euro, surtout pour les pièces de théâtre. Lors des ventes sur Amazon (taux de tva à 3%) : 0,99 TTC soit 0,96 HT. 40% de marge (30% Amazon, 10% Immateriel) : 0,38
Soit 0,58 euro pour l'auteur-éditeur.

Prix Public TTC	Monnaie	Taux	Quantité	ID commande	Revendeur	Description	Remise revendeur	Prix net HT remise	Total net HT
0,99	EUR	3,00	1	793389		Amazon Kindle	40	0,58	0,58

Les ventes générées sur les librairies françaises sont naturellement assujetties au taux de tva à 7%. Mais avec une remise revendeur à 35% sur les ebooks vendus sur immateriel.fr, 60 centimes reviennent à l'auteur-éditeur. Vous pouvez recalculer avec une TVA désormais à 5,5%…

Prix Public TTC	Monnaie	Taux	Quantité	ID commande	Revendeur	Description	Remise revendeur	Prix net HT remise	Total net HT
0,99	EUR	7,00	1	679804	immatériel.fr		35	0,60	0,60

Il existe bien des cas de 7% avec 40% de remise, comme les ventes par la Fnac.

Prix Public TTC	Monnaie	Taxe	Quantité	ID commande	Revendeur	Description	Remise revendeur	Prix net HT remise	Total net HT
1,99	EUR	7,00	1	770426	Fnac.com		40	0,56	0,56

Alors, 56 centimes "seulement" reviennent à l'auteur-éditeur.

Ce montant "dérisoire" est à rapprocher du revenu pour l'auteur d'une oeuvre en livre de poche, dont le prix moyen oscille autour de 6 euros, avec un taux de droit d'auteur à 5% ! Soit 30 centimes. Retenez donc qu'il vaut mieux pour l'auteur vendre en ebook à 99 centimes qu'en livre de poche. Les auteurs de best-sellers y réfléchiront ?

Les ebooks à 1 euro 99 :

Prix Public TTC	Monnaie	Taxe	Quantité	ID commande	Revendeur	Description	Remise revendeur	Prix net HT remise	Total net HT
1,99	EUR	3,00	1	873311	Amazon Kindle		40	1,16	1,16
1,99	EUR	7,00	1	818436	immatériel.fr		35	1,21	1,21

Les ebooks à 2 euros 99 :

2,99	EUR	3,00	1	815705	Apple iBookstore		40	1,74	1,74
2,99	EUR	7,00	1	813976	immatériel.fr		35	1,81	1,81

Naturellement, certains préfèrent vendre à 9 euros 99...

Les ebooks à 4 euros 99 offrent pourtant déjà un respectable revenu à l'éditeur. L'auteur-éditeur perçoit ainsi ce qu'un auteur "chez un éditeur classique" obtient en moyenne avec un livre en papier vendu 29 euros ! (10% de droits d'auteur)

4,99	EUR	3,00	1	859984	Apple iBookstore		40	2,90	2,90

Le revenu dépasse même les trois euros avec certains circuits.

4,99	EUR	7,00	1	826287	ePagine		35	3,03	3,03

Les droits d'auteur de l'édition papier témoignent d'un rapport de force...

En avril 2010, le magazine *Lire* résumait, dans un article, "*Ce que gagnent les écrivains*", les chiffres couramment notés ailleurs depuis des années.

« *En France, le contrat-type prévoit que l'auteur touche 8 % de droits jusqu'à 10 000 exemplaires vendus, 10 % entre 10 001 et 20 000, 12 % au-delà. Il existe des variantes, avec des répartitions 10/12/14 ou des seuils fixés à 5 000 et 10 000 exemplaires.*

(...)

Bien entendu, tout le jeu consiste à faire monter ce barème : si vous avez eu un prix important (Goncourt, Renaudot...), votre éditeur vous proposera sans doute de monter jusqu'à 14 ou 15 %.

(...)

Mais il existe encore mieux : auréolé du succès mondial de Lolita, Vladimir Nabokov percevait 17,5 % de droits d'auteur dès le premier exemplaire, de la part de son éditeur américain McGraw-Hill ! Louis-Ferdinand Céline a exigé 18 % de Gaston Gallimard, en 1951. "18 p 100 pour moi sur chaque exemplaire, pas de ristourne, sec, pas de salades, et en route ! [...] D'avance, en liquide, pas de chèque !" insiste-t-il auprès de sa secrétaire. Et il a tout obtenu (sauf les versements en liquide, évidemment...).

(...)

Plus tard, Jean d'Ormesson ne fut-il pas longtemps surnommé "Monsieur 18 %" dans la maison de la rue Sébastien-Bottin ?

(...)

"A côté de ces contrats en or, Gallimard propose parfois un taux fixe de 7 % de droits pour des premiers romans", soupire un avocat. "Vous savez, certains auteurs seraient prêts à publier gratuitement pour être édités dans la Collection Blanche", objecte-t-on rue Sébastien-Bottin.

(...)

La puissance d'un écrivain se mesure aussi à un autre critère : le fameux "à-valoir", soit l'avance consentie par un éditeur pour un livre au moment de la signature d'un contrat. Une sorte de minimum garanti - le "MG", dans le jargon de Saint-Germain-des-Prés - pour l'auteur, qui n'aura pas à le rembourser, même en cas de mévente.

(...)

"C'est important de se faire verser un gros à-valoir, confie sous le sceau du secret un romancier très pragmatique, car cela oblige l'éditeur à se battre pour votre livre s'il veut rentrer dans ses frais..."

(...)

Aujourd'hui, en France, cette avance va de 800 euros pour un auteur débutant à une fourchette située entre

10 000 à 30 000 euros pour un romancier s'étant fait un "petit nom".

(...)

Mais il arrive que certains éditeurs, et non des moindres, refusent tout bonnement d'en verser. Ainsi, on a peine à le croire aujourd'hui, les éditions de Minuit n'ont jamais offert la moindre avance à Marie NDiaye pour ses sept ouvrages publiés en vingt ans sous son célèbre frontispice blanc étoilé !

(...)

Plutôt que de se lancer dans ces hasardeuses négociations d'avances, certains romanciers préfèrent-ils être mensualisés. Ils peuvent ainsi écrire l'esprit en paix

(...)

Mais les droits d'auteur ne sont pas tout. Il y a aussi les clauses annexes - ces fameuses clauses écrites en minuscule que les novices ne lisent jamais... - qu'éditeurs et auteurs (avisés) tentent de faire pencher en leur faveur. Par exemple, les éventuels droits d'adaptation au cinéma. Traditionnellement partagés à 50/50, il arrive qu'un auteur, surtout s'il a déjà été porté au grand écran, obtienne une répartition plus favorable du type 60/40. Et puis, il y a les cas extrêmes : "Simenon n'a jamais voulu céder ses droits d'adaptation au cinéma à Gallimard, rappelle Raphaël Sorin. Il s'enfermait dans le bureau de Gaston, sans avocat, et finissait toujours par l'emporter."

(...)

"Si vous évoquez l'argent des écrivains, n'oubliez pas de parler aussi de celui des éditeurs, car c'est là, vraiment, que se bâtissent les véritables fortunes", avertit un membre du sérail préférant garder l'anonymat. Parmi "Les 500 premières fortunes de France", d'après le palmarès établi par Challenges en 2009 : Antoine Gallimard (224e), qui a su faire prospérer l'entreprise familiale, Francis Esmenard (234e), qui surfe sur la martingale d'Albin Michel (Nothomb, Werber, Grangé...), Jacques Glénat (317e), empereur de la bande dessinée, et Hervé de La Martinière (500e), spécialisé dans le beau livre.

(...)

"Les éditeurs ne cessent de se retrancher derrière les fameux comptes d'exploitation, qui mentionnent les coûts d'un livre, pour ne pas verser trop de droits d'auteur, complète un expert des arcanes de l'édition. Mais ils oublient de dire qu'au-delà de 10 000 exemplaires vendus l'à-valoir, les coûts fixes de maquette, la prospection chez les libraires, éventuellement la traduction, sont amortis et que, dès lors, un ouvrage de 250 pages revient aujourd'hui à un euro en fabrication. Les bénéfices deviennent tout de suite exponentiels. Mais l'auteur, lui, reste bloqué à ses 12 %..." C'est en vain que l'on chercherait le nom d'un écrivain dans la liste des 500 premières fortunes françaises. »

Les droits d'auteur de l'édition papier témoignent bien d'un rapport de force dont sait profiter l'éditeur pour les minimiser au maximum... Alors, pourquoi l'écrivain devrait faire un cadeau aux éditeurs s'il peut se passer de ce prestataire ? Si l'écrivain reste encore majoritairement chez un éditeur c'est uniquement à cause de ce rapport de force où les maisons d'édition traditionnelles peuvent se prévaloir de leur pouvoir médiatique. "*Peut-être un roman autobiographique*" aurait été chroniqué par nos grands journalistes naturellement indépendants s'il était paru chez Gallimard... Le vrai pouvoir des éditeurs, leur dernier pouvoir même, c'est de tenir l'univers du livre.

Ainsi, « les petits éditeurs » couleront "sûrement" rapidement, eux dont la visibilité des publications repose le plus souvent sur le dos des auteurs. Entre un éditeur qui ne peut pas grand chose et l'auto-édition, quelques belles ventes numériques ne tarderont pas à décider ces auteurs de franchir le pas.

Je suis persuadé que Georges Simenon, comme il conservait les droits cinématographiques aurait refusé de céder les droits numériques avec les droits papiers, déjà en 2012. Lui qui pouvait se permettre de déclarer : « *Je déteste que l'écrivain soit frustré d'une grosse partie de son travail et du fruit de son travail par des gens qui gagnent beaucoup plus que lui-même. Vous connaissez beaucoup d'éditeurs qui ont des châteaux, des hôtels particuliers etc ; voulez-vous compter sur les doigts le nombre d'écrivains qui en ont ?* »

Naturellement, les lectrices et lecteurs manquent d'informations. Et les éditeurs trouvent toujours "un bon auteur" pour les glorifier. Le nom Rivarol renvoie malheureusement désormais à un hebdomadaire d'extrême droite alors qu'Antoine Rivaroli, dit Rivarol, fut un écrivain, né le 23 juin 1753 à Bagnols-sur-Cèze et mort le 11 avril 1801 à Berlin. Son grand-père s'appelait « Rivaroli », francisé par son père en « Rivarol » quand il s'installa en France. Donc bien avant les mineurs chers à Aurélie F ! Selon l'essayiste « *les libraires éditeurs sont tous des suppôts de Satan, pour lesquels il devrait y avoir un enfer spécial.* »

Naturellement, les éditeurs-distributeurs sont leurs héritiers directs en pouvoir mais non en attitude ! Vous nous parlez d'un temps d'avant la maison Gallimard !

Marcel Aymé, dans une lettre à sa soeur, le 27 juillet 1928, notait : « *je mets le moins possible les pieds à la NRF. Tous ces gens normaliens ou ratés de Normale m'embêtent, gonflés de leurs diplômes au fond.* » Le même analysait précédemment, en 1927 : « *Rien de plus embêtant que de courir les éditeurs en faisant figure de génie méconnu ou d'incompris. C'est ridicule.* » Mais le passage par un éditeur était alors indispensable pour espérer atteindre le grand public.

Léon Bloy, au sujet des éditeurs : « *Race ignoble de mercantis qui voudraient s'enrichir de la souffrance d'un artiste, sans courir l'ombre d'un risque, même illusoire. Si je devenais célèbre, tous ces chiens seraient pendus à ma sonnette.* »

Tout euro donné aux éditeurs et aux libraires est un euro mal utilisé

J'ai analysé une loi indigne de la France dans *« Ecrivains, réveillez-vous ! - La loi 2012-287 du 1er mars 2012 et autres somnifères »,* ses millions d'aides « indirectes » budgétisés. Même en modifiant le Code de la Propriété Intellectuelle, ce texte semble contraire à la législation en vigueur mais peu importe, visiblement, pour les installés : le passage en force au nom « de la culture » reste possible. Qui réagira lors du décret d'application ? Et surtout : quelle parade ont déjà préparé les installés pour essayer d'appliquer ce qui pourra l'être ? Un peu de gagné contre les écrivains, c'est déjà ça de gagné !

De l'argent coule à flot en France ! Oui ! Par exemple le projet 1001libraires bénéficia des largesses générales, ça ne l'a pas empêché de couler un an plus tard, avec les regrets d'Aurélie.
À peine le temps de sourire, qu'un autre projet français de librairie numérique recevait les grands soutiens : son « nom de code » peut prêter à sourire : MO3T (Modèle Ouvert Trois Tiers). Naturellement annoncé ès concurrent d'Amazon (Kindle Boutique), d'Apple (iBooks) et Google (Play), il s'agit d'un bébé Orange. France Télécom mais associé à SFR ! Ce qui promet des tours de table peut-être difficiles. Les edistributeurs Eden (créé par Gallimard) et Editis sont de la partie, comme la FNAC (pourtant déjà dans l'ebook avec Kobo !). Et ce bel ensemble a reçu le soutien du Commissaire Général à l'Investissement qui investit 3 millions d'euros pour un test de six mois !
Prochaine étape, début 2013, où plusieurs dizaines de

millions d'euros seront lancés dans la bataille du numérique. Je sais, un écrivain indépendant ne représentant RIEN devant ces chiffres, lui qui cherche simplement à vendre un millier d'ebooks par mois pour vivre de sa plume.

Plutôt que d'essayer de discréditer l'auto-édition, les éditeurs feraient mieux de proposer des conditions acceptables aux écrivains

Ce conseil me semble tellement de bon sens, que je leur offre ! Pourtant, dans l'inévitable lutte entre les éditeurs et l'indépendance des écrivains, les incohérences des installés sont une chance pour l'auto-édition. Dès que des écrivains indépendants dépasseront les mille ventes mensuelles, leurs confrères les regarderont moins de haut, et s'intéresseront sûrement à leur modèle économique.

Néanmoins, les éditeurs classiques survivront quelques décennies, avec certes de la casse, des licenciements, des "rapprochements", euphémisme pour absorption des plus faibles par les mastodontes. Mais cette logique est déjà ancienne. Elle devrait aboutir à une édition officielle contrôlée par moins de dix groupes. Peut-on d'ailleurs encore compter plus de dix "grandes maisons" ? Il ne s'agit pas d'étiquettes mais de "grandes maisons", comme Hachette Livre regroupe Grasset, Calmann-Lévy, Stock, Fayard...

Plutôt qu'ironiser et essayer de discréditer l'auto-édition, les éditeurs feraient mieux de se préoccuper de leurs ebooks ! Quand un éditeur vend un fichier rempli de coquilles et qu'en plus le livre obtient le prix Goncourt... finalement les médias en parlent peu. *L'art français de la guerre* d'Alexis Jenni, pourtant proposé en numérique à 16,80 euros, semble avoir été victime d'une numérisation peu professionnelle du grand Gallimard. Quand les « ç » deviennent des « c » et les « é » de « e », on suppose qu'un document PDF fut numérisé plutôt qu'utiliser le fichier numérique d'origine !

Qu'attend Michel Houellebecq d'un éditeur ?

Laurence Santantonios a interrogé l'écrivain pour son essai "*Auteur / éditeur, création sous influence*", publié en l'an 2000 chez Loris Talmart. Et même sur ce sujet de son attente envers un éditeur :
- Mes exigences sont très simples : premièrement qu'il publie mes livres, deuxièmement qu'il paye mes droits d'auteur.

Partant d'une publication de poésie aux *éditions de la Différence*, la journaliste questionne :
- Aurait-il aimé publier un roman de vous ?
- Oui, mais il ne payait pas.
- N'y avait-il pas un contrat établi entre vous et lui ?
- Oui, j'avais un contrat, mais c'est comme ça, il ne payait pas de droits d'auteur. Ce n'est pas tant pour l'argent, d'ailleurs, que je me suis insurgé, car cela ne représentait pas beaucoup en réalité. C'était pour le principe. Il était trop orgueilleux pour accepter de payer ce que je lui demandais.
- Mais vos droits étaient légitimes, vous n'aviez pas à les demander !
- Sur ce point, je vous assure que dans ma vie j'ai toujours dû demander pour être payé, que ce soit pour un article ou pour un livre. Même chez Flammarion, j'ai dû demander. C'est presque une coutume, semble-t-il. Le problème, à *La Différence*, c'est qu'on refusait de me payer tout simplement.

Des auteurs attachés à la facilité que leur offre un éditeur de publier sans se préoccuper des contraintes « techniques »

Il reste un créneau pour les éditeurs, celui où l'on recense d'ailleurs des ministres, anciens ministres, sportifs, notables : les auteurs pour lesquels un éditeur doit tout faire (parfois même faire écrire le bouquin par un nègre). Ces gens-là se préoccupent d'ailleurs peu des droits d'auteur, pourvu que l'éditeur leur accorde de prétendre qu'ils « vendent bien. »

Ces auteurs ne cherchent nullement à vivre de leurs ventes et péroreront dans les médias des odes à la gloire des éditeurs, ils ont même en Aurélie une icône idéale, et peuvent reprendre en coeur « *c'est l'éditeur qui fait la littérature.* »

Le couple éditeur-notable a prospéré durant des décennies grâce aux bénéfices sur les « gros vendeurs. » Les éditeurs riches pouvaient se permettre de publier les femmes et les hommes politiques, il semble logique que ces élus essayent de sauver leurs amis dans une République du copinage. Non ?

Aurélie F. aurait-elle été publiée si elle n'avait été la fille déjà engagée en politique d'un maire-conseil général ? Oui, j'ose poser cette question ! Quelle impertinence !

En 2003, à la publication du roman "*Les Derniers Jours de la classe ouvrière*", AF pouvait déjà présenter un gentil cursus, avec membre du cabinet d'Yves Cochet, ministre de l'Environnement de juillet 2001 à mai 2002, élue conseillère d'arrondissement dans le 5e arrondissement de Paris, aux élections municipales de 2001 (tête de liste des Verts au premier tour, elle avait obtenu 13,75 % des voix).

Est-ce l'arrondissement dans lequel vivait le directeur des éditions Stock, Jean-Marc Roberts ? Ce serait trop beau !

J'ignore naturellement tout ce que doit à l'éditeur ce roman mais la maison doit considérer qu'il s'agissait d'un bon investissement. Publiez des espoirs de la politique, dans le tas vous tomberez sûrement sur votre futur(e) ministre ! C'est ce qui s'appelle préparer l'avenir !

La ministre des éditeurs peut-elle rester celle des écrivains, donc de la culture ?

Un dossier pour la rentrée, peut-être sur le bureau du Président François Hollande si mon analyse est relayée. Cette contribution sera-t-elle lue ?

Le remplacement d'Aurélie Filippetti, pour cette raison, constituerait un signe fort contre les lobbies, un acte majeur d'un Président Normal. Etre normal en actes est possible ? Est-ce être normal que de ne pas suivre les recommandations des lobbies ?

C'est écrit, ce sera publié. On ne sait jamais ce que devient un livre après son lancement. Même si le plus probable reste l'indifférence (comme pour mes précédents écrits !), il arrivera bien un jour où l'analyse juste s'imposera... (comme dirait Ségolène ?)

Alors, en conclusion, tous les pouvoirs aux éditeurs ?

Si l'on en croit la voix culturelle de la France, l'écrivain doit tout à son éditeur, même sa capacité d'écrire un vrai livre. Montherlant préférait ironiser *« Grasset m'a donc "découvert" sept ans après que je lui ai envoyé mon premier manuscrit, et quand j'étais depuis deux ans, sinon célèbre, du moins tout a fait lancé... »*
Depuis des décennies, les éditeurs, en tenant le monde de l'édition, tiennent les portes de la célébrité des écrivains, donc de leurs ventes... ils n'hésitent pas, pourtant, à puiser directement parmi "les célèbres" pour attribuer le label écrivain même à Loana, Lorie ou des femmes et hommes politiques.

Les éditeurs ont trop faussé le jeu de l'édition pour qu'on puisse leur accorder le pouvoir de décréter qui s'inscrit dans la Littérature. Tout écrivain qui doit tout à son éditeur... est-il viscéralement écrivain ? L'écrivain doit s'engager dans une oeuvre, plutôt que de perdre son temps dans des relations utiles. L'éditeur est encore en 2012 une relation utile pour la quasi totalité des écrivains. Edition, monde de relations... et finalement l'Histoire fait le tri. Personne ne nous empêche de vivre en avance sur notre temps !

Gutenberg naturellement... En 1450, il obtient le financement d'un riche banquier, Johann Fust. Il peut se lancer dans son grand projet. Il a alors une cinquantaine d'années (né vers 1400 à Mayence) et vient d'inventer des caractères métalliques mobiles qui doivent permettre d'imprimer des livres. Un peu comme l'ebook, le livre de Gutenberg connaît des débuts difficiles : ses bibles (considérées de 1455, date "officielle" du "début de l'imprimerie") se vendent difficilement et Fust (qui avait cru au succès rapide promis) intente un procès. Le tribunal trancha en faveur du financier, qui obtint la gestion de l'atelier et la presse mise en gage.... Notre Gutenberg sera finalement sauvé de la misère grâce à Adolphe II de Nassau, qui lui accorda une pension et le titre de gentilhomme. Ça ne vous rappelle pas les balbutiements des premiers « readers », les premières tablettes de lecture ?

1835 : entrée dans le Dictionnaire de l'académie française du terme "éditeur", utilisé depuis le début du siècle.

1842 : à 44 ans, Eugène Renduel prend sa retraite, retourne dans son Morvan, fortune faite. Il fut l'éditeur de Victor Hugo, Musset... Il laisse un boulevard dont sauront profiter Michel Lévy et Louis Hachette.

2005 : http://www.auto-edition.com s'étonne, sans parvenir à médiatiser cette analyse, de l'absence du terme "auto-édition" dans *le Dictionnaire Culturel en langue française Le Robert* d'Alain Rey, pourtant auto-édité ! Mais il existe une entrée « samizdat » avec noté : *1960, emprunt au Russe, "auto-édition" ; diffusion clandestine, dans l'ancienne URSS des ouvrages interdits par la censure.*

Limiter à l'ancienne URSS est inexact : ainsi Milan Kundera, en Tchécoslovaquie, auto-éditait ses livres... il s'agissait d'une pratique courante dans l'ancien "bloc de l'est"...

L'éditeur est-il encore utile à l'écrivain ?

Un éditeur est utile à l'écrivain quand il lui permet une rétribution des oeuvres inaccessible autrement. C'est ainsi depuis deux siècles, l'édition "moderne". Ce n'est pas pour leurs beaux yeux ni pour leur talent exceptionnel si les auteurs "abandonnent" ainsi la gestion de leurs textes : les éditeurs sont parvenus à contrôler le système de l'édition, en décidant de ce qui sera repris par les médias et présent sur les tables des libraires.

"N'étant lié l'un à l'autre par aucun écrit, je cherche mon plus grand avantage, comme auteur, de même que vous cherchez le vôtre, comme éditeur. Rien de plus naturel." Il ne s'agit pas d'une célèbre réponse d'un auteur au sujet de la version numérique qu'il préfère auto-éditer plutôt que de la laisser à l'éditeur du livre en papier mais de celle de Maupassant, en 1885, à l'éditeur Charpentier qui souhaita une exclusivité sur ses écrits. Balzac utilisa ainsi une trentaine d'éditeurs.

Pour la version papier, l'éditeur est donc encore très utile à l'écrivain : la quasi totalité des bouquins se vendent où ils sont en rayon, grandes surfaces et librairies. Ou sur internet mais après avoir été chroniqués dans les vieux médias, donc par des amis des éditeurs (les exceptions peuvent s'intéresser à mes livres).

Pour la version numérique, le contrôle des lieux de vente ne fonctionne plus : Amazon, Itunes, Kobo et les autres référencent Stéphane Ternoise comme Philippe Sollers. Même si la notoriété de l'écrivain lui occasionne des ventes aussi en numérique... heureusement, finalement, les prix prohibitifs des ebooks des installés (qui souhaitent privilégier la version en papier), permettent une visibilité aux indépendants aptes à proposer des prix bas. Alors, qu'apportera l'éditeur dans la compétition numérique ?

Pour certains, l'éditeur dépose une couronne sainte sur la tête, un statut social. Finalement le cas de ces gens-là intéresse peu l'écrivain en réflexion sur le "comment vivre de ma plume ?".

Le Bief, Bureau international de l'édition française, organisme chargé de promouvoir l'édition nationale à l'étranger, a présenté le 7 mars 2011 une étude intitulée *Les achats et ventes de droits de livres numériques : panorama de pratiques internationales*. Il semble vouloir conseiller nos éditeurs : "*la politique du tout ou rien que pratiquent plusieurs maisons anglo-saxonnes, consistant à refuser d'acquérir les droits papier si les droits numériques ne sont pas inclus, semble être efficace par son caractère dissuasif.*"
Face au "tout ou rien" d'un éditeur, comment doit réagir l'écrivain ? Suivant son intérêt ! Chaque cas est alors particulier mais qu'il ne se sente pas obligé de signer !

Un éditeur me serait encore utile ! Il me permettrait de vendre nettement plus de livres en papier. Mais c'est par convictions que j'ai choisi l'indépendance, cette certitude de vivre une époque charnière où ma voie va rapidement passer de marginale à celle de l'audacieux précurseur.
Mes romans pourraient s'inscrire au catalogue de nombreux éditeurs mais ce genre d'essai, j'en doute.

L'excessif pouvoir des éditeurs nuit à la littérature

« *Hé bien ! La guerre continue, la guerre pour trouver ce minimum de paix nécessaire, un éditeur, un contrat, de quoi tenir encore quelques mois. J'en suis là.* »
Ma vie (titre provisoire) de Jack-Alain Léger.
Signer un contrat, empocher un à-valoir, si modeste soit-il, écrire sur commande tout et n'importe quoi. Face aux auteurs en grandes difficultés quotidiennes, les éditeurs apparaissent comme des mastodontes financiers. Dix pages plus tôt, l'auteur qui en même temps publiait sous le nom de Paul Smaïl, notait « *où se situe la ligne de partage entre le compromis acceptable et l'inadmissible compromission ?* »

Durant cette décennie, que l'auteur puisse choisir entre une auto-édition dans des conditions décentes (accès à un large public donc aux médias) et un éditeur traditionnel, rééquilibrerait la relation auteur-éditeur. Ce serait plutôt le rôle d'un ministère de la Culture de veiller à une concurrence loyale entre les écrivains des éditeurs installés et les indépendants. Quant à la décennie suivante, le statut d'auteur-éditeur pourrait naturellement s'y substituer à celui d'éditeur-distributeur, l'écrivain devenant alors le rouage essentiel, indépendant des sites de ventes comme des distributeurs.

« *Nos sociétés occidentales ont déjà vécu deux grandes révolutions : le passage de l'oral à l'écrit, puis de l'écrit à l'imprimé. La troisième est le passage de l'imprimé aux nouvelles technologies, tout aussi majeure. Chacune de ces révolutions s'est accompagnée de mutations politiques et sociales : lors du passage de l'oral à l'écrit s'est inventée la pédagogie, par exemple. Ce sont des périodes de crise aussi, comme celle que nous vivons aujourd'hui.* »
Michel Serres, le 3 septembre 2011, dans *Libération*.

Il n'est peut-être pas surprenant que des éditeurs plus préoccupés de leur survie que de la logique historique ne puissent comprendre les véritables enjeux de la révolution numérique. Il en va malheureusement de même pour la ministre et son ministère, sclérosés par les vieilles pensées, les vieux schémas, les pesanteurs administratives. Nous devons certes expliquer. Mais surtout avancer. Foncer même. Peu importent les critiques, les dénigrements. Il s'agit d'écrire. Lire et écrire. Finalement, l'essentiel de la vie d'un écrivain perdure : il perd du temps dans la gestion de sa web réputation et promotion comme il en perdait avant dans la quête d'un éditeur et la représentation, des cocktails au copinage.

L'actuel statut prééminent d'éditeur-distributeur a succédé à celui d'éditeur-libraire. Historiquement, cette révolution numérique peut accoucher d'une simple et belle « continuité » de la longue transformation, une redistribution des rôles. Dans cette hypothèse, il aura donc fallu trois siècles à l'auteur pour s'extraire des marchands.

Couverture

Le tableau du peintre lotois Henri Martin représente la
justice. Je pense qu'un(e) ministre de la Culture doit aussi
promouvoir la justice dans la culture et non favoriser les
installés.

La Justice, de 1897, une huile sur toile de 83 par
103 centimètres, visible au musée Henri-Martin
de Cahors.

éoliennes du pas-de-calais

Stéphane Ternoise

À 25 ans, Stéphane Ternoise a quitté le confortable statut de cadre en informatique (qui plus est dans le douillet secteur des assurances), pour se confronter à son époque, essayer de vivre de sa plume en toute indépendance. Il redoutait de finir pantin d'un grand groupe où même les maisons historiques peuvent se retrouver avec Jean-Marie Messier ou Arnaud Lagardère comme grand patron.

Stéphane Ternoise est auteur-éditeur depuis 1991, devenu spécialiste de l'auto-édition professionnelle en France. Il créa « logiquement » http://www.auto-edition.com en l'an 2000, une activité alors quasi absente du web !

Son éclairage sur l'univers de l'édition française a rapidement suscité quelques difficultés, dont une assignation au Tribunal de Grande Instance de Paris, en juin 2007, par une société pratiquant le compte d'auteur, finalement déboutée en septembre 2009.

Dans un relatif anonymat, avant la Révolution Numérique, l'auteur lotois a néanmoins réussi à publier 14 livres en papier, à continuer en vivant de peu. Depuis 2005, ses livres étaient également en vente, marginale, en version numérique. Il s'agissait d'abord de simples PDF.

L'auteur-éditeur a consacré l'année 2011 à la réalisation de son catalogue numérique, publiant ainsi ses pièces de théâtre, sketchs et textes de chansons en plus des romans, essais et recueils adaptés aux formats epub et Mobipocket Kindle...

La multiplication des questions et l'information approximative balancée sur de nombreux blogs par de néo-spécialistes de l'auto-édition autopublication, l'ont décidé à écrire sur cette révolution de l'ebook. Le guide l'auto-édition numérique est ainsi devenu son web bestseller !

Depuis octobre 2013, et son « identifiant fiscal aux États-Unis », son catalogue papier tend à rattraper celui en pixels.
Il convient donc de nouveau d'aborder l'auteur sous le biais de l'œuvre. Ainsi, pour vous y retrouver, http://www.ecrivain.pro essaye de fournir une vue globale. Et chaque domaine bénéficie de sites au nom approprié :

http://www.romancier.org
http://www.parolier.org

http://www.essayiste.net

http://www.dramaturge.fr
http://www.lotois.fr

Vous pouvez légitimement vous demander pourquoi un auteur avec un tel catalogue ne bénéficie d'aucune visibilité dans les médias traditionnels. L'écriture est une chose, se faire des amis utiles une autre !

Tous droits de traduction, de reproduction, d'utilisation, d'interprétation et d'adaptation réservés pour tous pays, pour toutes planètes, pour tous univers.

Site officiel : http://www.ecrivain.pro

Dépôt légal à la publication au format ebook du 28 août 2012.

Imprimé par CreateSpace, An Amazon.com Company pour le compte de l'auteur-éditeur indépendant.
livrepapier.com

ISBN 978-2-36541-624-5
EAN 9782365416245

Aurélie Filippetti, Antoine Gallimard et les subventions contre l'auto-édition - Les coulisses de l'édition française révélées aux lectrices, lecteurs et jeunes écrivains de Stéphane Ternoise
© **Jean-Luc PETIT - BP 17 - 46800 Montcuq** - FRANCE